imaginist

想象另一种可能

理
想
国

imaginist

记录　　探索　　审美

新探索

罗宾逊夫人展露着她的长腿，本杰明面带迷惘。在杜兰酒店的每个房间里，都悬挂着《毕业生》的海报。那是60年代的情绪，年轻人颠覆了父母一代，要主宰自己的命运。

置身此刻的伯克利，就像身处历史遗迹中。街头仍遇到五彩斑斓的老嬉皮士，他们让我想起《阿甘正传》里的Jane。纪念言论自由运动的咖啡馆的墙上悬挂着黑白照片，他们要让资本主义这台机器停下来。

像很多人一样，我对60年代的美国充满幻想。他们的理想精神、浪漫主义，还有大麻与性解放……伯克利是这新精神的大本营。但真的如此吗？

美国人没有历史感，亨利·米勒的文字实验是可笑的，性、空洞的集会、口号变成了年轻人自我实现的唯一方法，他们把快感当作了自由。与其说他们是反叛者，不如说是被宠坏的孩子……

这是切斯拉·米沃什对那个年代的观察。这个诗人先是叛逃了社会主义波兰，在流亡巴黎时，写出了《被禁锢的头脑》，这本书堪称对极权社会分析最为深刻的作品之一。到了60年代，他来到伯克利，教授波兰诗歌翻译。

他带着沉重的、悲剧性、仅仅属于中欧的历史意识来到这个热情高涨的新大陆，以一个流亡者的眼光看待一切。一切都显得过分轻浮。关于加州被人们盛赞的一切，他都有着另一种看法。他甚至不喜欢这里的自然，那种野性是一种无法驾驭的危险，也是人对自身责任的逃避，置身于旷野之中，你找不到一个支点来思考自身的命运。

轻浮，是了解60年代伯克利的另一个角度，是浪漫背后的真实情绪。美国青年人喜欢把他们的反越战行动与布拉格人反苏联入侵相比较，他们都在反抗帝国主义。但这里没有可比性。前者是安全的反抗，后者要付出死亡、入狱的代价。

米沃什的怀疑眼光与他的个人经验相关——对一个流亡者、边缘人来说，倘若没有直接针对的对象，他又是多么容易陷入漂移；但更与他继承的那一整套中欧价值有关系——他们珍视（或许过分地珍视）历史、传统、自省、个人意识、沉思的价值，对所谓的历史潮流有着本能的怀疑——他们一次次被历史潮流所牺牲。他对自己的经验有着充分的自信，这给予了他一个坚实的基础与标准，使他的怀疑充满力量。

而这，正是《单读》想追寻的。在断续出版五册之后，《单向街》更名为《单读》，它将以更频繁也更稳定的节奏出版。我们昔日曾追求的“记录、探索、批评”，寻找新的语言来描述、理解中国社会的初衷没有改变，但除此之外，我们还希望能够建立起某种标准。

在以往的几期中，我们过分沉湎于捕捉时代精神、批评体制与社会，因为描述与批评的对象过分显著，在最初的语言快感过后，发现自己陷入了失语。重复性视角与态度令人厌倦，更重要的是，你发现因为缺乏自身的角度与内在价值，你无法进入所描述与批评的事物的内核。只有这内在秩序的建立，才可能真正对抗外在价值，才能够展开真正的怀疑与判断。

但这内在的秩序是什么？我们尚无法言明，不过，我们热切地邀请作者与读者开始这新的探索。

○ 话题

在天堂里死掉，这才是历史的终结，而不是在秩序井然、讲究共识、空气清洁的欧洲。这么一想，我逃得还不够远。

逃离

撰文　覃里雯

定居者

一年前，我和于威先后搬到了柏林。我学德语，她带娃。她这个浑身本事的前媒体高管，被清洗浴缸和擦玻璃这样的破事愁了半年，每天在微信上给自己励志，但好像见效甚微。不到一年，她就抛下位于柏林时髦社区的豪宅、欧洲的蓝天和货真价实的社会主义，奔回了烟熏雾绕的北京。到 4 月花开，单向空间已经从一家举办周末文化沙龙的书店，疯长成了一家举办周末文化沙龙的书店，一家卖书的清新厨艺学校，一个 Steampunk 风格总部和一个顽皮社交媒体组成的活力中心。我们在过去十多年工作里结识的朋友们，也都从不同的机构里返回单向空间，就像河溪入海一样顺理成章。他们每天谈论八卦、历史、文学和文化，喝酒吃火锅，在巨大的垃圾场上顽强而快乐地种植西西弗斯的花朵。

我们不喜欢陌生人 / 他们在雨天推门而入 / 他们的脸笼罩雾气 / 潮湿的手指微微闪烁 / 暗示我们忘却的来路

我在柏林的办公室里用微信偶尔得知这些碎片。办公室在一个 20 世纪初简化巴洛克风格的建筑里，高窗面对天井，窗下总有人在抽烟。当我想念北京的时候，就打开窗户。对面下方有一家厨艺学校，成年学员们绕着钢铁灶台勤奋学习，再到楼下临街的餐馆里立即付诸实施，中途休息时间就在我窗下跟拖拉机引擎一样地抽烟。这个餐馆价格只有通常市价的一半，因为食客其实是厨师们的实验小白鼠：半生的寿司，寡淡的三文鱼面，偶尔也有美味的猪排和鱼排。收银员一抬手臂袖口露出文身，殷勤为女士穿上大衣的侍者笑出一口烂牙，厨子们有的胳膊粗大，睥睨四方，有的穿着放荡。但他们都很敬业，没有人不珍惜这个离开监狱之后重新融入社会的机会。

我时常冒着消化不良的危险去给这个餐馆捧场，因为觉得自己很像他们的同道，像叛逃者在异地努力获得新生。夏天临近，我会在回家的路上偶尔流连，借着晚上 9 点才灭的天光想想更重要但无用的事情。虽然我有意放慢速度，可柏林的陌生感仍像冰川一样迅速融化，即将把我再度裸露在熟悉造就的厌倦感中。过度的熟悉带来可怕的麻木，和我持续与之战斗的抑郁。作为一个曾经的全球搬家户，我感到地球的面积很快就要不够用了。在前半生以搬家未能解决的一切，只能在后半生以牢牢扎根来试图解决。

我们已在水草丰足的地方 / 驻扎了身体和灵魂 / 陌生人却带来棋子 / 教我们学会犹疑，拼杀 / 和不甘的死亡

对习惯于逃跑的人来说，柏林是个扎根的好地方，除了纳粹时期，它习惯于接纳情愿或不情愿的游荡者。黑格尔躲避霍乱时还曾在我住的区域暂居过，最终病死在柏林。纳博

科夫在柏林的 15 年里，一直躲在柏林俄罗斯人的世界中，结果构造了一个以他命名的柏林。瓦尔特 · 本雅明坎坷的一生里，柏林总是他的返回之地，直到纳粹上台断绝了这个念想。如今欧洲和平，柏林就成了欧洲最便宜的创意中心，吸引昆汀 · 塔伦蒂诺这样的大导演来制作电影，也适合许多只说不做的文艺青年在这里浪费时光。某位著名的大肚子中国艺术家在被“禁足”之前，在这里还有一个工作室。

20 世纪上半叶，这里还是中国革命种子的落脚地之一。周恩来和朱德都在康德大街上住过，朱德后来还被驱逐出境。康德大街曾有许多中国商店和中餐馆，以及一家中国学生活动中心，如今都被高档酒店和办公楼替代。柏林还短暂容纳了许多现代中国学界的耀眼星斗：蔡元培，陈寅恪和他的表弟俞大维，傅斯年和北大的同学罗家伦、金岳霖、姚从吾、段锡朋、周炳琳、宗白华、曾慕韩，当然还有不安分的徐志摩。年轻气盛的周恩来和对政治毫不关心的陈寅恪曾在柏林的中餐馆偶遇，陈稀里糊涂被卷入一场政见争辩引发的拳战，他和周撒腿跑到餐馆老板娘的房间里躲起来，才未被打得鼻青脸肿。从这些碎片里折射的柏林，无害疯狂，活泼有趣。

你不可逆转的时间 / 陌生人一个接一个地倒下 / 如同每日消逝的梦境 / 而我们，定居者 / 从不搅扰死者，和其他生

者的安宁 / 光荣属于我们捏造的传说 / 谁比谁活得更长

经过柏林宁静整洁的墓地，就会设想：扛着整个 20 世纪中国的残酷记忆的灵魂，和那些扛着整个 20 世纪德国的残酷记忆的灵魂，坐在一起是会聊个不停，还是无话可说？在柏林墙倒塌 20 周年纪念日之前，我在柏林采访了许多亲历当年盛会的人物，当时我和许多对 80 年代有亲切感的中国青年一样，已经明了东欧和中国命运的差异。我们知道东欧的变革不会在中国重演，也认定了各个国家必须孤独地承担各自不同的命运。

但如今回头想起那些一路对谈，反倒感到孤立宿命论是另一种肤浅狭隘。被采访者中的一位，当年曾主持前东德售卖国有资产的国有信托机构 Treuhand，短短时间内把大批东德国有资产售罄。在我的采访中，像所有忠实遵循资本运作逻辑的资本运作者一样，他给了很多理由，强调当时“我们没有别的选择”。如果我当时再敏感一些，就会看到东欧和中国命运相似之处：自 20 世纪最后十年以来，二者都不同程度地屈服于资本的无上逻辑，全球化的压倒性逻辑。而这个逻辑在中国被推到极致，吞噬着其他的逻辑，像一头老虎吞噬着自己。它既无法填补摧毁性的革命造就的精神空无，也无法平衡无节制的权力，滚滚偕行的是雾霾、污水和空洞的追逐。至于资本何以对自己的缺陷视而不见，我倒一直没弄明白。

已经离去，或正在到来 / 陌生人无休无止，敲响城门 / 逼迫我们送上鲜花，雕塑和庙宇

单向空间的朋友们，正是在这头老虎的逻辑里，做着它难以吞噬的事情。在北京，他们不能算是势利眼们定义的“主流”精英，但却在某种程度上造就了以他们定义的北京，可以称之为北京的魏玛。1775年，当年轻而浪荡的歌德受邀来到小城魏玛，他根本没想到自己会在这里待上一辈子。他觉得自己是个大城市青年，迟早要离开这里去征服世界。可当他来到“大城市”柏林的时候，却没有产生想象中的归属感，普鲁士贵族的势利眼挫伤了他的自尊。他余生留在魏玛，凭一己之力把它变成了一座四面大师来会的文化圣城。来自边缘的创造才能造就此世的奇迹，这是老虎唯一难以吞噬的事情。

塞壬

书写的纯粹乐趣不知何时已经悄悄告别，朋友们都开始思考哈维尔所说的“第二口气”——继青年的激情消散后，

写作所需凭借的新动力。他们当中的一些，或多或少都找到了第二口气，我却没有。那些未能完成的书搅扰着我，像弗兰肯斯坦的残肢和一只眼球，紧紧追在身后，我却缺乏把它们组装起来的力气。一直记得诗人朋友邹波诚挚的告诫：写作要真诚，要解决“我是谁，我在做什么，我要做什么”的问题，任何一首诗都是如此。可是要回答这三个问题所需要的勇气和力气，从哪里来呢？

船长　你的水手已经 / 挣脱桅杆上的绳索 / 这些你毫不知情—— / 只想着大陆之后还有大陆 / 选择无限汪洋磨炼凡人的意志 / 自以为与命运交情颇深 / 自以为是甲板的王国上最强壮的人

没法回答这些问题，是因为我已经变得像欧洲一样。问题不在于内在的分裂，而在于无法为分裂的碎片提供一条坚硬的链子。欧洲虽然世故，但并不愤世嫉俗。每个国家都有自己对历史和未来的独特理解，都坚信自身的智慧，都耽于自身而不愿改变。我的大脑就像布鲁塞尔，礼貌地让每一个内心的成员国发言，给他们同样的权重，不愿承认一个目的高于另一个。布鲁塞尔一定会瘫痪，以平等的名义。和布鲁塞尔不同的是，我没有这里的许多人对中国的梦想，虽然没人喜欢那里的空气，但“至少在中国做得成事情”。

是啊，要不是在中国，我当年才不会变成一个满心焦虑向首都和世界奔跑的青年。我很可能会坐在柏林的草地上晒每一通晒得到的太阳，假装关心天下大事，支持所有抽象的正义，与邻居友好相处，最大的激情就是旅行和与朋友谈论新手机品牌和音乐剧目。

有时厌恶满月的明光 / 抱怨它遮蔽导航的北斗 / 在船舱里又偷偷揉拭昏花的老眼 / 以为那是海妖的盐粒 / 向漂浮而过的万国挥舞旗帜 / 传达故国过时的讯息 / 不知自己已成宫廷中的笑柄

“欧洲像狐狸一样，知道许多事情。”托尼·朱特说。中国也知道许多事情，只不过这些知识未必都起了该起的作用。黄仁宇的发现依然是真的：官僚体系过早成熟的农业国家，因为耽于千百年来相对成功的专制管理，而压抑了许多创新的繁荣。先进的发明因为不适用于官僚机构的需求而被搁置和忽略，中产阶级和资产阶级一再被打压，无法形成有机的自主性，无法集体提出诉求。虽然现代化的进程在某些方面获得成功，但只有国家一次又一次地宣告胜利，国家的各组成部分——包括官僚机构里的个体在内——却没有形成任何可靠的安全保障和自下而上的协商渠道。中国知道的所有事情，最后都被总结为一句“皇上是最正确的”以及“就算皇上偶尔不正确，总的来说他也比任何其他人要正确”。在中国无可奈何的语境里，没有比这更让人安慰的总结了。

在全球越来越多的地方，有无数像我这样的单行者。他们身后是正确而坚不可摧的总结，面前却是人类对历史想象的尽头。

谁还会像我一样 / 用歌声与你谈判 / 在船舷边反复躲避你桨橹的击打 / 轻轻剥去龙骨上的凿船贝和海葵 / 引舵手避开赤道无风带 / 在港口外 夜复一夜 / 揣测你是否还会重新启航

中国的总结其实自有其生动之处，我偶尔也会被迷住。几年前，我在厦门的海边看过一场乡戏《海瑞出行》。那可真是令人惊叹，对着妈祖庙的戏台上，几百年前的剧本一字不差地上演。乡中恶霸要霸占有夫之妇瑞虾，杀其夫，夺其人。瑞虾怀有身孕，誓死不从。儿子生出来后被恶霸抢去，瑞虾扮作奶妈伺候长大。儿子娶妻之日，发现每当要亲近妻子，都电闪雷鸣，心如油煎（乱伦遭天谴）。瑞虾要告知儿子真情，但被恶霸之妻发现，造命案陷害之。命案审度时适逢海瑞出巡，瑞虾饱受一番刑讯折磨后，遇到当年抱着瑞虾女儿出逃的婆婆。婆婆将冤情告知微服出访的海瑞。真相大白，正义伸张。

那戏台上方言铿锵笃笃，十分带劲，掺着高音喇叭噼噼啪啪杂音不断。公子的成年角色刚出台，话筒却不响，只好做假动作不断敲话筒试音，白唱了一节。海瑞搀扶下跪老妇时,胡子从耳朵上掉了下来,慌忙挂回去。为向老妇证明身份，从怀里掏出皇上赐的玉玺，却竟然是个红色的政府公章……到结婚的场景时，庙里的人就要上台送个猪头，喇叭里要放一整套祝贺词，为在场所有不同年龄的人祝福。到故事高潮时，庙里的管理人员就在一旁放大型冲天炮和大卷鞭炮，炮仗蹦到观众背上弹开，而点火的男人弓着背，笑哈哈地蹦跳跑开去。

那场戏乍看来实在是个和谐之极的场景，它显然源于古典官僚体系对民间进行教化的冲动，借助民间的娱乐形式传播。但在娱乐和独立思考贫瘠的民间，这些剧目经过长期的传播，已经被误认为民间自生文化的一部分。经过一场又一场反复矫正的革命和对革命的矫正，今天对民间文化的质疑已经完全不合法了，在民间文化里隐藏已久的官样文化也因而得到保护。所有清新派重新发现民风的努力，都停留在了发现这个层次上。理解之后，大脑一片空白，又回到了构筑下一个压倒一切的官僚体制的起点。

否则你若纵身进入我的世界 / 像经由闪电穿行 / 将大陆抛在身后 / 却将弄臣的耻笑 / 和大船的坚固藏在心头 / 给我残缺的礼物 / 像泡沫堆出心上人的幻象

在欧洲我想到的可堪对比的剧目，是在柏林歌剧院里看的《唐乔万尼（唐璜）》。现代制作的歌剧，让贵族浪子唐璜一出场就领着一串打手般的舞者。在莫扎特原剧里，唐璜算得上单枪匹马反抗当时社会秩序的英雄，但在经过民主和平权运动洗礼的现代欧洲人看来，他并不是那么纯粹的一个英雄。作为一个贵族，和一个男性，他的所谓反抗——也就是仗着身份赋予的自由四处拈花惹草——或许并不像他自己认为的那么了不起。被欺骗的农夫，他被唐璜引诱的新婚妻子，被抛弃的贵妇，父亲被唐璜所杀的民女，他们看到的是一个仗势欺人的唐璜。但这些受害者的角色，也都受着自己视角的束缚，看不到自己的犹疑和愚钝。

是的，在某些方面，欧洲的确懂得更多。

这些无用的歌曲 / 这些无用的歌曲　语言的牢笼 / 在沉默坚硬的墙壁之间 / 肉体消散 / 每个死者都带走一个世界 / 你也将随塞壬的世界而去　船长 / 你何等幸运　毫不知情

一肚子典型英国知识分子坏水的朱利安·巴恩斯写过一本辛辣的《十又二分之一世界历史》，从《圣经》所说的人类始祖诺亚开始，把人类整个揶揄了一遍。最狠的章节就是大结局——人进入了天堂，每天精力充沛地醒来，在天使的帮助下，干任何想干的事。地狱是不存在的，“那只是必要的宣传”，连希特勒都活在天堂的游客区里。但是在干了所有吃喝玩乐冒险之类的事情后，人依然感到不对劲，他向天使提出了上帝的问题。对话大意如下：

“您需要上帝存在吗？”天使问他。

“这难道取决于我吗？”人问。

“是的，因为如今天堂都民主化了。我们不做预先设定，完全由人的意愿自主决定。”天使答。

人感到自己遇到了最大的麻烦，他发现自己能做的决定到此为止了。他显然不想要求见到上帝，因为这意味着上帝可能是他的要求造就的幻想。他退而求其次，想变成一个对永恒不感到厌倦的人，但天使说，这样的转换通常以失败告终，变成他人的人最后都要求变回自己，然后，他们会要求死掉。

在天堂里死掉，这才是历史的终结，而不是在秩序井然、讲究共识、空气清洁的欧洲。这么一想，我觉得自己逃得还不够远。

倘若流放仅仅是流放，而没有变成“奥德赛式”的归来，

我还会憧憬吗？

归来

撰文 许知远

一

哈罗德·斯特恩斯归来了。在巴黎游荡了12年后，他回到纽约的格林威治村，发现自己丢失了一切——声誉、才

华、女人、公寓……

这是充满反讽的一刻。正是他鼓舞美国的青年逃离自己的国家，前往巴黎寻找传统、自由与创造力。

不过31岁时，他就主编出文集《美国的文明》，和同代的作家与学者在其中诅咒自己的国家，认定它无根、褊狭、市侩，倘若你想保持自由灵魂、体会文化的丰富性，唯有逃往古老的欧洲。

很多人响应了他的号召，一群美国青年成了1920年代巴黎文艺景观的重要组成部分，其中最富盛名的是海明威、菲茨杰拉德、帕索斯……他们被称作“迷惘的一代”。

他们比自己想象的更幸运。不到30岁，他们中最有才华、最幸运的就成为了世界闻名的作家。因为远离，他们重新发现了美国，而借助欧洲的现代主义视角，他们描绘自己的经验，创造出一种崭新的感受力，其中以生机勃勃的幻灭感、一种自怜的英雄主义，最为显著。他们成了一种新的文明的代表。

年轻时，我迷恋这个故事。倘若“迷惘的一代”对美国社会迅速、戏剧性的转变感到无根之痛，在巨大的商业与技术变革前陷入边缘，在1990年代末的中国的我同样如此。我反复阅读迈克·考利的《流放者归来》，它是迷惘一代的自我寻找之旅，令我怦然心动的是流放异乡的浪漫与归来时的荣耀。

哈罗德·斯特恩斯代表的是历史的另一面，流放不意味着探索与荣耀，而是对雄心与创造力的摧毁。他成了自己引领的潮流的牺牲品。在巴黎时，他常没落地躺在一家咖啡馆的平台上睡觉，海明威讥笑说“躺在那里的是‘美国文明’”。回到纽约后，他出版了一本回忆录、编辑了一本文集，却再也没能找回他失去的影响力。社会情绪早已转变，美国对欧洲的焦虑迅速减弱，大萧条把年轻一代知识分子推入了更极端的情绪，让他们憧憬的是苏联的试验、是无产阶级文学，而不是詹姆斯·乔伊斯的意识流式独白。

在格林威治酒店，我点了一杯 old fashion，再度翻阅《流放者归来》。这酒店名与昔日的格林威治精神毫无关系。在 20 世纪初，这片凌乱区域曾是反叛艺术家们的聚集地。那是一个 J. P. 摩根与西奥多·罗斯福的时代，他们唯有把自己打扮成异端，才能对抗这强大的外在秩序。他们彼此谩骂与安慰，编辑杂志、撰写文章。倘若这仍让人窒息，他们就逃离。迈克·考利笔下的人物，总是在这里与巴黎之间往返。

而如今，这同名酒店早已是曼哈顿昂贵时髦的象征之一。在昏暗的灯光下，Art Deco 的设计过分精致，一楼的酒吧只供住店人使用，穿梭的客人们都有一种刻意的随意。杯中的黑麦威士忌过分爽口，毫不苦涩。我的意外不无矫情，你怎能期待在此刻喝出那股波西米亚的味道。自消费主义诞生以来，昨日的异端总是轻易化作今日的流行。

还是说，我的这感慨本就过分矫情。反叛从不是这么浪漫，贫穷艺术家并不总占据道德与审美上的制高点，总是逆潮流。

一个世纪前，格林威治的艺术家们不仅被粗鄙的物质时代压抑，也受惠于一个蓬勃的商业文明。这个商业时代催生出人们的消费热情，现代大众媒体与娱乐就此诞生。印刷业是那个时代的中心，写作者——不管是小说家、杂志编辑、广告文案、还是编剧——都成为一种新时尚。而当他们逃往欧洲时，不仅发现美国没有他们想象那样糟糕，更发现美国蓬勃的经济、坚挺的汇率，能让他们以更放纵的方式享受这个老欧洲。而当他们中的杰出者获得世界性承认时，你很难说它与美国日渐重要的国际地位无关。世界开始关心美国人到底在想些什么。当诺贝尔委员会在 1930 年把文学奖授予辛克莱 · 刘易斯时这样声称："他作为一亿两千万人的代表之一，用新的语言——美国语言——写作。他要求我们仔细想一想，这个民族尚未臻于完美，也没有被融化掉，它仍然处于青春期的骚动岁月中。伟大崭新的美国文学以民族自我批评开始。"

这评语也像是对爱默生一个世纪前的感叹的回应。这位美国精神之父一心期待美国文化能摆脱对英国的附庸，能用自己的眼光打量世界、用自己的头脑思考、创造出自己的独特品味。几代人之后，它在“迷惘的一代”身上实现了。在这漫长的征程中，很多努力者被默默遗忘。很有可能，他们并非不够杰出，而仅仅是运气不佳。比菲茨杰拉德、海明威更年长一代的作家们，成长于1890年代，从未迎来他们的绽放时刻，却因时代的转型窒息而早夭。在迷惘的一代人中，斯特恩斯的遭遇或许更具普遍性。如今想来，《流放者归来》记录的荣耀而不是挫败，才是击中我的原因，没有日后的荣耀，这挫败会显得过分窒息。但历史中的基调却是挫败。

挫败却激起另一种回想。在“迷惘的一代”中取得非凡成功的是小说家们，世界开始兴奋于美国人怎么感受，却还没准备严肃对待他们的思想。因希特勒的崛起而涌来的欧洲知识分子，大多被这个国家的浅薄所震惊。直到1960年代，这种状况才因“纽约知识分子”的崛起而改变——美国人也能为时代提供崭新的分析。哈罗德·斯特恩斯正是被遗忘的先驱者。

二

对于纽约，我总有一种隐隐的痛。这个城市自然迷人，自从 1930 年代以来，它就逐步取代了巴黎，成为新的文化之都，是潮流与趣味的制定者。它成了别的国家与文化的流放者们的梦幻之地——你逃避家乡的逼仄，赢得新的荣光。

纽约满是现代中国流放者的记忆，他们因不同的原因——战乱、政治或是个人追求而汇聚到此。胡适的狭小公寓与宋美龄的豪宅都处于上曼哈顿区，比起人生的辉煌时刻，他们晚年的流亡时光停滞、乏味。80 年代到来的当代艺术家们或许与“迷惘的一代”最为相似，他们为了自我实现而来，在此寻找文化的丰富性，并在其中确认自我的独特性。他们中的一些获得了巨大的成功，从大都会艺术博物馆、古根海姆博物馆到《纽约时报》的文化版，他们成了当代艺术中最炫耀的景观。驱使他们获得成功的除个人的创造力外，更是他们曾试图逃离的中国，先是中国内部的灾难，然后是戏剧性的崛起，把他们推到了舞台中央。而在过去十年中，北京与世界似乎达成了一种新协议，共同缔造出一套半开放的市场体制，少数的中国当代艺术家变成了这种体制的受益者——他们以轻微的不合作姿态，进行了一场合作。

不过，这并没有什么意外之处。艺术与世界性的财富从来就结为一体，1920 年代如此，2010 年代也是如此。中国正代表财富的新潮流。

但他们仅仅是被选择的一小部分。我在纽约碰到的朋友们是另一种命运，他们不是自我的流放者，而是被迫的。他们与这群中央的艺术家是同代人，他们的人生在 1980 年代末被戏剧性地逆转。但他们从事的事业不是孤独的艺术，它需要群众与舞台，需要明确的对抗对象，否则它就陷入失重的虚空。它不仅无法激发、反而摧毁创造力。为了确认自己的存在，政治流亡者陷入无休止的相互攻击和空洞口号中，目睹着自己的影响力迅速衰退。他们或许曾经吸引了某种注意力，但如今大多陷入匿名者的境遇。在今日世界，他们是全球最后、也是最大的流亡群落。

流放曾对我充满浪漫的诱惑。在现代世界，倘若你想成为一个创造者，多少要宣称自己是大地上的异乡人，你要表现出与熟悉世界的强烈冲突，你要逃离、反叛自己的环境。但在这次的旅行中，这憧憬消失了，它甚至转变成一种隐隐的焦虑与恐惧。倘若流放仅仅是流放，而没有变成“奥德赛式”的归来，我还会憧憬吗？

在纽约，除去这莫名的忧虑，我也第一次强烈地感觉到某种“匿名之痛”。“如果他／她尚未以英语出版作品（或退而求其次的法语与德语），那么他／她就在现代世界尚未存在。”拉美文学研究的权威 Arturo Arias 曾这样写道。他目睹了在军政府统治下的拉美作家们的命运——倘若他们不想在本国被监禁、折磨、禁声，就必须自我流放。

在他乡，你得到免于恐惧的自由，却陷入了新的困境。在你的祖国，审查和监禁可能会让你消失于公众视野，失去个人的身份与意义，而在异乡（除去少数杰出而幸运者），你又成了匿名者——隐匿于陌生、庸常的日常生活里。

对 Arturo Arias 来说，“拉美作家有成名的义务”，这既增加他们在国内时的安全性，也为他们的流放做好了准备——在异乡你既保持了个人身份，也继续为你受困的祖国发声。身在加州的他也提醒美国读者，当说起“流放(exile)”，拉美作家面临的境况与美国的海明威与爱尔兰的乔伊斯大不相同，后者只是为了逃避本国精神上的窒息，但前者则还必须面对直接的政治迫害。

在纽约，我不断地想起 Arturo Arias 这篇写于 20 年前的短文。很可惜，这些彼此不同的流放经验从未被详尽书写、仔细分析。不管对于文学还是政治，流放都意味着另一种可能，对多元价值的寻求，流亡者在其中的挣扎与发现，更是对中国社会的思想与情感的巨大拓展。

但在进行这探索前，我首先要扔掉长期以来的轻薄念头——那种以成功为前提的流放与挫败，太过功利性了。我首先要开始理解挫败、挣扎与恐惧本身的价值。

置身其中，怀着一点自我疗救的私心，把这时代的征候记录下来，大概也挺有意思。但如今记录者似乎比时代陷入了更大的危机，真是可惜。

偷去的隐私

撰文 玛格丽特·阿特伍德

翻译 彭颖

《圆圈》（*The Circle*）是戴夫·艾格斯（Dave Eggers）的第十本小说；“圆圈”一词本身也相当吸引眼球。

艾格斯的第一部重要作品是备受赞誉的《惊人天才的伤心作》。这是一部半虚构传记，讲述了艾格斯在父母死后是如何艰难地抚养年幼弟弟的。当时，他已经积极投身连载漫画的创作，开始创办小型杂志，并在处于萌芽期的网络杂志上写专栏。接着，他开始了全方位的发展，包括创办麦克斯韦尼（*McSweeney*）杂志和出版社、《狂热分子》(*The Believer*) 月刊、青年教辅慈善机构"826 瓦伦西亚"（826 Valencia），以及"学者结对"（Scholar Match）组织，帮助旧金山湾地区穷困失学的孩子们找到相应的捐赠者。

此外，他还广泛涉猎写作：戏剧剧本、新闻报道，以及书籍。其中两本书是直击人与人之间的非人道主义行为，故事发生的地点分别是非洲和美国——《什么是什么》和《泽图恩》。另有一本小说名为《国王的全息图》，以一个悲情推销员的视角讲述了美国在国际上影响力的日渐削弱。艾格斯的才情自然喷涌而出，正如人们对《圆圈》的期待那样，他在书中展现出了众多的创意和设想。

对《圆圈》而言，观点的涌现是至关重要的，因为从某种程度上说，它算是一本有关观点的作品。那么，是什么样的观点呢？关于隐私的社会建构和解构观点，关于日渐盛行的公司对隐私的控制，以及这种控制对西方民主本质所产生的影响。信息的传播是极具力量的，过去那些哗众取宠的小报的经营者都深谙此道。秘而不宣的信息和大方宣布的内容同样具有影响力，而到底谁能当众说谎同时瞒天过海，这完全是由把关者说了算。因此，在网络时代，编码者掌握着通往信息王国的钥匙。

马歇尔·麦克卢汉（Marshall McLuhan）是一位先驱，最早探索各类媒体对我们集体意识所产生的影响，详情参见他的两本书——《古腾堡星系》和《理解媒体》。即便在互动式技术还没得到充分开发的当时，他还是指出来，“地球村”的居住体验或许不会令人愉快，甚至可能给人一种幽闭恐惧般的感受。早在1835年，托克维尔的《论美国的民主》就预言了公众言论的严酷。而现在经由互联网，它的力量更会被无限放大。

《圆圈》背后的隐忧其实由来已久，只不过最近，线上线下的报刊、杂志和书籍都对此展开了激烈争论。米沙·格伦尼（Misha Glenny）在《超级黑帮》和《黑市》中滔滔不绝地论述网络盗窃和其他网络犯罪问题。《黑色代码》中，罗纳尔德·戴伯特（Ronald Deibert）详细论述了各种有关民主和隐私的网络盗窃行为。2012年，凯瑟琳·洛丝（Katherine Losse）出版了回忆录《孩子王》，逐年记录Facebook的早期发展，并质疑人们对个人信息公开的欲望。

因此，艾格斯举起了一面艺术之镜，投射出“真实”的世界，让我们认清自己的真面目，以及身边各种潜在危险。但是，《圆圈》既不是宣传手册，也不是分析报告，而是一本小说。正因为是小说，所以它往往会讲述有关个人的故事。在类型上，小说带有“梅尼普讽刺”的性质；与社会讽刺不同，它更多地将道德缺陷视为理性的堕落，而不是性格上的瑕疵。此外，书中还有大段苏格拉底式的对话，通过一轮轮貌似理性的问答，操纵核心人物，让他们表现出合乎逻辑的怪诞行为。

有人会把《圆圈》称为“反面的乌托邦”，但是，在这个假想的美国世界，没有出现奴隶制一般的暴政。事实上，热心的居民在不遗余力地改造着这个世界。灾难并没有接踵而至，星球也没有爆炸，甚至连明显的气候变暖迹象都没有。相反，这是一个充满讽刺意味的乌托邦，满眼舒适的绿色，一派祥和景象，资源得到回收利用，一切都是有机产物，人们相互表达着喜爱之情；但是，这个蕴藏着虚拟共享和关照的新世界，却也同时孕育了恶魔。

书名《圆圈》取自社交媒体公司“虚拟西海岸”，它融合了很多公司特质，比如谷歌、脸书和推特。书中记述了女主角梅宝莲（Maebelline）在“圆圈”公司的起起落落，主角名字很像睫毛膏品牌“美宝莲”，意寓着面具和表演(《圆圈》中的命名都是有含义的，因为作者对角色都赋予意义，有些人甚至会在网上为自己搜寻新名字）。人们一般把梅宝莲昵称为“梅”，经公司一位老员工宣传，变得众人皆知。她为“梅”开了一个 Zing 账户，作为推特、短信和其他沟通形式的合成体。“我给你的账户起了个名字。”吉娜说。

“梅之日（Mae Day）。就像战争纪念日一样。不是很酷吗？”

梅对此不敢苟同，她不记得哪个节日是这么命名的。

艾格斯先生真是机智！实际上，没有哪个战争纪念日叫作“Mae Day”，但是，源自法语的“Mayday”却代表了一种绝望的求救信号。“May Day”曾是异教徒的春季庆祝日，19 世纪演变为“劳动节”。后来，“May Day”又成为斯大林时期的阅兵日，其间秘密警察尤为活跃；奥威尔的《1984》曾对此大加嘲讽，而这部作品也经常在《圆圈》中有所投射。梅宝莲，网上昵称“梅之日”：一款化妆品，一串求救信号，一个极权主义声明。对此，读者会觉得有必要竖起大拇指。

最初，梅的生活方式也无伤大雅。和很多女孩一样，她必须经历属于自己的一份磨难。她在加州老家的镇上一家燃油气机构做一份无甚光彩、廉价且无前途的工作，因为大学的助学贷款已经快压得她喘不过气来。接着，她毫无生气的生活被大学室友、现任“圆圈”公司高管安妮改变。同样，安妮这个名字也意味深长：安妮们会令人想到一个扛着枪的人物形象，这人枪法不俗，满脸掩饰不住的嚣张气焰、神采奕奕，和男孩无异；她们是《孤女安妮》中的小女孩，勇敢无畏，受到沃巴克斯爸爸的悉心保护，而他本人又极为仗义疏财。而这本书中的安妮，是个好奇心颇重的小女孩，外表阳光，行为古怪，穿着男式法兰绒裤子，在大学里无精打采地晃荡。不过后来，她拿到了斯坦福的MBA学位，应聘进了“圆圈”公司，从此热气球般一发不可收拾，受到万众艳羡。

安妮来自一个象征着金钱和地位的阶级——她的祖先乘“五月花”号而来，与“劳工日”毫无瓜葛——但是，爱翻白眼的安妮从没有真正倚仗过自己的贵族身份。面对身份略显低微的梅，她的优越感丝毫未减；而梅自从来到“圆圈”，就对安妮充满感激，不敢相信自己真能置身此地，在她眼中，这家公司代表了唯一能撼动世界的力量。但是，正如读者预期的那样，这个如今还眼花缭乱的女孩必将目睹一场如《彗星美人》情节般的女生之间的恶斗风波。

小说开头，艾格斯就设置好了场景和选手，正如游戏玩家为比赛铺开游戏板一样。我们发现，“圆圈”公司由三大巨头经营，他们被称为“三大智者”。正如梅尔维尔的“皮廓德号”捕鲸船和斯蒂芬·金的“瞭望酒店”一样，“圆圈”也是一个包含着实体环境、金融系统、戏剧人物和情感纠葛的大综合体，力图展现真实的美国，或至少美国局部的生存状态。所以，这三位智者，和梅尔维尔笔下的三位猎叉手一样，是有象征意义的。

泰勒·亚历山大·戈斯波迪诺夫（Tyler Alexander

Gospodinov),人称“泰”,一位有远见卓识的青年才俊,是“圆圈帝国”的缔造者。他发明了“真你”(TruYou)系统,无需密码、虚拟身份验证。他这么做,不是因为想接管这个世界,而是希望事情能变得更简单、更透明。他的名字中意义感最强的是“亚历山大”——当然影射了亚历山大大帝,不过他也有悲情一面,因为没有其他世界等待他去征服了。泰是个神秘莫测的角色,除了荧幕上一个穿着连帽衫的头像,大家几乎没法在公司里见到他本人。“圆圈”公司,自称要给予所有人、所有事完全的透明,却依然存在这样一个藏在阴影里的角色,而且没人知道他下一步要计划什么。

第二位智者是埃蒙(“富足的守护者”)· 贝利(联想到电影《贝纳姆》)。身为圣母大学毕业生,他是公司里一个和蔼可亲的长者角色,也是兼有耶稣会信徒温婉形象的表演者。“所有人都喜欢他,”安妮说,“而且我觉得他也确实喜欢所有人。”这句“我觉得”应该会让“梅”踌躇,不过她没有。

第三位智者是汤姆 · 斯坦顿(Tom Stenton)。文学作品中,汤姆这个角色往往是顽皮、喜欢挑战陈规的,比如大拇指汤姆(Tom Thumb)、小猫汤姆(Tom Kitten)、汤姆·布朗(Tom Brown)和汤姆 · 琼斯(Tom Jones);也可能是童谣里的偷猪贼,或《了不起的盖茨比》中腰缠万贯的恶棍,或者也可能是顽劣、邪恶的天才,如《鬼马小汤姆》和《哈利·波特》中的汤姆·里德（Tom Riddle）。而“汤姆”再加上一个“斯坦顿”（意寓“石头堆砌的围墙”），就很可能是个硬角色。所以，正是这位鲨鱼一般的CEO汤姆，沉迷于金钱和权力之争，不断引发公司的战争，不给对手留余地；他的一双眼睛，据书中描述，是“没有表情，无法读懂的”。

三大巨头领导下的，就是公司的内部核心成员，被戏称为“四十人帮”：在《圣经》中，四十是个非常重要的数字。诺亚方舟在洪水中漂流了四十个日日夜夜，摩西在荒野中流浪了四十年，而耶稣在受到恶魔诱惑、用灵魂换取整个世界时，正处于四十天的斋戒期内。“四十”意味着一段历炼和检验的时间，充满了悬而未决的不确定性，而整本书中，受到历炼和检验的，不仅仅是梅，也包括了安妮。

这些就是小说中的主要角色。当然，还有一些无足轻重的过客，甚至“游离”于系统之外的人——那些各怀私心、想尽办法进入“圆圈”的局外人。“大鱼吃小虾”，在公司大佬们眼中，他们不过是吃食而已。没错，如果整个公司是社会的大寓言，有关海洋生物的隐喻则将其推上了高潮。“圆圈”公司有一个巨大的玻璃鱼缸，可见并不是无意义的摆设。

接着，让我们看下公司的内部环境，或者说“园区”；书中花了大量笔墨铺陈这里的迷人景致：时尚生活杂志的读者会对这些修饰辞藻分外垂涎，并由此联想到实际生活中类似“园区”内的真实生活场景。“圆圈”公司的安保墙内，是一片绿植、办公楼、喷泉、艺术品和休闲场所的天堂，员工寝室也极尽奢华，满足那些需要挑灯夜战的员工需求。注意，加班甚至都不是出于“压力”，而是一种“愿望”。餐厅持续供应美味且健康的饮食，公司派对令人眼花缭乱，另有一间样品展示间，陈列着制造商们迫不及待提供的样品，希望“圆圈”公司的潮流领导者们选用并测试。

公司办公楼以各个历史时期命名：黑暗时代、文艺复兴等等。（如《1984》中说，控制过去的人也将控制现在，控制现在的人也控制着过去。）艺术家们（不管是忍饥挨饿的，还是名声显赫的）被召唤来表演余兴节目，正如中世纪的行吟诗人，或者腓特烈大帝殿堂内的伏尔泰；因为这样的公司就相当于现代版的王国和文艺复兴时期的公爵府。顺便一提，“圆圈”公司内有很多令人叹为观止的藏品，由贝利悉数收集，此人虽然面上亲民，却是个不容小觑的“鉴赏家”。藏品中很多已经上了年代，比如皮革包边的古书和绿色的阅读灯，都是从失意的所有者手中获得——资本家们失去的，我们收集起来。亨利·詹姆斯（Henry James）的作品《金碗》中，有个叫亚当·维沃的角色，既是富庶的金融家，又是艺术品收藏家。如果你觉得贝利多少有点维沃的影子，确实没错：金钱或许可以买到过去，并且让人为此而沾沾自喜。

这座宫殿式建筑是全玻璃建造的，表面上看，非常符合“圆圈”公司有关“透明度”的宗旨——所有人都必须在各个方面对其他所有人开诚布公，这正是“圆圈”的宗旨。为此，我们要感谢那些聪明的脑袋瓜设计出各种项目和小玩意儿：比如可安插在任意地点的微型摄像头（从此不再有强奸等暴行！），在儿童骨质中嵌入芯片（从此不再有儿童绑架案发生！）。既然如此，难道有哪个神志清醒的人会拒绝这些“善举”吗？住在玻璃房子中的人们，不仅不该相互扔石子——他们根本连石子都找不到！这难道不是天大的好事吗？如果你没什么好隐藏的，干吗对此抓狂？

但是，假如当真是玻璃建筑，或者类似的冰体建筑，是很难让人放心的。玻璃办公楼就是一个镜子大厅，走着走着就可能迷路；要么，它是可轻易溶解或打碎的幻象；要么，就好比一间囚室，随便谁都可以不经允许地看到你在做什么。这一点，正如库尔特·冯内古特（Kurt Vonnegut）在《五号屠宰场》中所描述的特拉法马铎星球人囚禁比利·皮尔格里姆的玻璃笼一样。叶夫根尼·扎米亚京（Yevgeny Zamyatin）在1924年出版的小说《我们——美丽新世界和1984的先驱》中也描述了一个玻璃建筑，而其中那些极权主义警察可以每时每刻监视所有人的一举一动。不消说，在无人知道的情况下看到世间一切人和事物，是《圣经》中上帝的特权，或者间谍和检查机构的职责；当然，窥阴癖患者也深爱此道。

随着故事情节的深入，我们似乎能联想起安徒生童话中冰雪女王的宫殿；在她的宫殿中，心都是冰封的，冰冷的女王用魔镜来统治她的王国，而有关“永恒”的谜题又必须依靠爱来解答。我们还可以想到柯勒律治(Coleridge)的长诗《忽必烈汗》中所描述的“堂皇而愉悦的穹顶”，“那用冰谷建造的阳光充足而令人愉悦的穹顶”。诗人幻想用艺术来再现寓言中的这一建筑，但是其他人却看到了其中隐藏的邪恶力量。“在他周围编织起三股圆圈。”他们唱道。这编织的圆圈是为了把人们从他身边隔离开来，因为他已经着了邪魔；用现代话来说，就好像他喝了“酷爱”饮料，然后，完全忘乎所以。

接下来，让我们看看“圆圈”。读者和主人公梅最早认识“圆圈”，都是通过公司Logo。首先你可以在书皮上见到这个很亲切的符号，接着，通过梅的眼睛看到：“虽然这家公司成立不足六年，但是，它的名字和Logo——一个圆圈环绕一个编织网格，中心一个小c认证标志——几乎已经在全世界无人不知。”在不熟悉的人看来，这个标志简直就像一个窨井盖。我当然希望艾格斯的想法是：这个光碟一般的标志，暗示着月亮，或太阳，或曼陀罗——象征宇宙的、有着宗教意味的闪耀的物件——但是，如果它暗示的是通往冥界的黑暗通道，或许更能引起人们的共鸣。

圆圈标志或许是艾格斯对谷歌“圆圈”玩的小把戏，但是，实际情况可能远非如此。圆圈，作为一个远古标志，有着众多象征意味。神圣的圆圈——埃及的太阳，诗人亨利·沃恩（Henry Vaughan）曾如此描述，“永恒在眼前展开/宛如一轮纯粹、无垠的光束”；假如我们没想到这层，埃蒙·贝利的私人办公室顶上，你也将看到一片光洁如新的玻璃顶，顶上“无数天使排成很多个圆圈”。贝利自己也曾这样谈到圆圈：“圆圈，是宇宙间最强大的图形，什么也无法比拟，也无需任何修饰，因为没什么比它更完美。而这就是我们想要的：完美。”如果你和贝利同样有着天主教背景，可能会警惕，他这么说已经接近异端邪说，因为完美只能存在于上帝一个人身上。他也应该意识到，圆圈也可能是邪恶的：但丁笔下的地狱就是九层圆圈。或许他内心其实知道，只不过忽视了。

随着故事的推进，“圆圈”公司从光鲜亮丽变得越来越黑暗。最初，从梅的视角看来，这个地方简直充满着神奇：

美国其他地方……与此相比，简直像处于发展进程的一团混沌之中。“圆圈”之外的世界，一切都那么嘈杂、煎熬，充满失败、污秽。而这里，一切都那么完美。最优秀的人类创造出最好的系统，而最好的系统可以获得金钱回报，取之不尽、用之不竭，让这里成为了最好的工作地点。梅想着，一切看上去都那么自然。毕竟，除了乌托邦的居民，谁还能建造出乌托邦呢？

可如果这真的是乌托邦，为什么大部分时候梅都感到焦虑？没错，她负责的“用户体验”工作压力巨大，需要她不断地回答问题，发送“笑脸”和“皱眉”——“圆圈”中相当于“喜欢”、“不喜欢”、“收藏”的图标——给其他网站和账户，处理雪崩一般的信息，并跟踪其他员工的“邀请”，她承受着越来越大的压力，花费所有的时间“参与”其中。但是，她最主要的恐惧还是担心会被赶出圆圈之外：她竭尽所能生存下来，不时担心自己给他人留下了什么印象。她时刻在想，我是否获得了足够的肯定？因为各类信息、Zing 系统、“笑脸”和在线观察者都将对此给出评价。我的成绩是否合格？

“圆圈”中的社交礼仪，就如简·奥斯汀（Jane Austen）刻画的那么精细：你回应 Zing 的速度，或者你说“好的！”这句话的语气，都可能产生巨大差异；假如错过某人举办的主题派对，几乎意味着致命的怠慢。你的每个选择都会被跟踪、评价，每次“审美”都会被无情指摘。19 世纪艺术批评家约翰·罗斯金（John Ruskin）有句名言：“告诉我你喜欢什么，我就能判断你是什么样的人。”他认为，糟糕的品位等同于道德上的冒犯,而年轻的“圆圈”人都对此教条深信不疑:所以,要想被解雇,没什么比穿一条差劲的牛仔裤上班来得更快了。乌托邦,貌似更像是高中,只不过,作业似乎更多。

正如故事中有三位智者,同样地,也有三个不合格的前男友:一个貌似循规蹈矩的手淫者,想要把自己和梅的性爱录影带传到网上;第二个是时运不济的艺术家杰米尼·克里克特(Jiminy Cricket),出于先前的经历,让她警惕“圆圈”体系内的非真实性和固有的极权主义;第三个是个神秘人,年纪较大,在性方面有很强的控制欲,时隐时现,就像《剧院魅影》中的“魅影”一样。而这第三个人也扮演着恶魔情人的角色,给“圆圈”的阳光而欢乐的穹顶带来一层阴霾,也让梅看到了男人内心无数的黑洞。在这本书中,地下河道洞穴中有很多红色的箱子,而其中就储藏着所有人的数据档案——称之为“灵魂”。这个神秘人在书中名叫卡尔顿(Kalden),不是真名,在藏语中意思是“黄金年代”。所以,或许作者想表达的是:黄金年代已经一去不返。

艾格斯在书中展现了令人钦佩的创造力和热忱。情节曲折蜿蜒,脚下的陷阱随时可能打开,语言风格也灵活恣肆,寓意时时呈现。他这么有才华,居然没有被猎头发掘,效力于品牌创意公司?书中有些设想,甚至比现实中的更合理、更妥善。但是,你可别指望能在《圆圈》中找到契诃夫风格的影子,或者期待主角们都能展现丰满的个性、颇有层次的内心世界：说到底，这并不是一部“文学作品”。这本书是休闲娱乐读物，只不过对读者有些要求：希望读者可以像故事中主角们那样，设身处地思考。有些情节颇为有趣，有些情节可能令你大吃一惊，也可能两者兼备。它就好像你做的一个噩梦，梦见自己正在众人面前演讲，猛然一低头，发现自己一丝不挂地站在台上。

本书涉及的方面还有很多：到底谁有权利在何种情况下窥探谁的生活琐事？如果所有人都有办法知道所有事情——就是说，你无时无刻不处于摄像头的监控之下——那么，除了性事和盥洗的空间和时间，我们还有什么隐私可言？当然，不久人们也开始在厕所小隔间里做爱，虽然文学作品或者你不了解的生活圈子中早有此例。私人交流也被逼到厕所里，而已经有一些人意识到他们的电子邮件都可能处于监视之下——还有谁比“圆圈”中的人更了解潜在威胁呢？——于是，他们似乎不得不采用一种极其可悲的石器时代技术：在他们鄙夷的介质——白纸上，潦草写下一些古旧的、符号式的内容来传达信息。

但是，除了一些几近滑稽的“发现瞬间”——其中就有一个，由故事中角色们发现，称为“信息过剩”——艾格斯还有一个（或几个）更为严肃的写作意图。他想提醒我们，致使我们被盲目引领走下坡路的，是我们的美好愿望，而不是什么邪恶意图（他本人和故事中的角色，都展现出众多美好愿望，因此他有权这么说）。另外，他或许也想审视一下，监视和被监视的本质。

据说，婴儿能认出的第一个图像，就是一个凝视他的面孔。这是最初的交流模式。人类的凝视，即便缺乏生气，也会在爱情诗歌中大加赞颂，而如果是空白、充满敌意的凝视，则会产生生理上的恐惧感。谁可以看谁？可以看什么？这不仅体现了父母从小的教导“不要盯着别人看”以及儿童时期颇感胁迫的“你在看谁”。其实，还体现了很多其他的人类行为方式，从着装要求到电影的 PG 级标签，再到针对偷窥狂的立法。“别当众出丑！”小时候,家长都会这么教育子女；但是在“圆圈”的世界里，所有人都必须随时随地站在镁光灯下：拒绝就意味着自私，或者，如贝利让梅渐渐领悟到的，隐私已经完全被窃取了。

社交媒体上的言论，总有些表演成分在内，正如人类参与的其他一切“社交”活动一样；但是，如果这片灯火通明的区域无限制延伸，以至于我们找不到任何安全的空间，可以摘下假睫毛，“放任”我们自己展现出不完美、乱糟糟的一面呢？如果必须每时每刻“待在场上”，我们会怎么样？若真如此，我们会成为被 24 小时监视的囚徒。完全生活在公众视野中，意味着一种全新形式的单独监禁。

在“圆圈”的世界里，一切都那么完美。最优秀的人类创造出最好的系统，而最好的系统可以获得金钱回报，取之不尽、用之不竭，让这里成为了最好的工作地点。但“圆圈”也可能是邪恶的：但丁笔下的地狱就是九层圆圈。

⋈ 访谈

摄影 Yeewankoon

历史写作从来不只是说，我告诉了你一些东西，而是，我向你出示了一系列的问题，与之前研究者不太一样的问题。现在，你必须往前走，在寻找答案的过程中，发现更多的问题——这永远是一个无限接近的过程。

我的童年与历史写作

——金安平访谈

采访、撰文　深海

一

《单读》：您最早是学数学专业的，那后来为什么开始历史研究呢？

金安平：这是很多人好奇的问题。小时候我特别喜欢思想史，在长大的过程中，受我父亲的影响非常大。1962 年，我们全家从台湾搬到美国的时候我 11 岁，当时我父亲在成功大学教建筑学，他是一位非常会讲课的老师，又很会讲故事。到了美国他先是去研究院，但为了抚养一大家人，我们四姐妹和一个小弟弟，他后来就去了建筑事务所工作。那时候他晚上工作还是很忙，但总会抽出时间来给我们讲故事，历史和传说都有，鬼故事也有，包括他自己小时候的经历。他最喜欢的书是《庄子》，他把其中的故事以孩子能理解的方式讲出来，引导我们去思考其中的问题。

之前在台湾的时候，我受的是很严苛的日本式教育，只要考试不好就会被打，甚至带着一点虐待。我们一位英文老师，打学生打得十分之狠，1990 年代我再回台湾，碰到另一位同学，还聊起这件事，这也变成那个时代最突出的记忆之一。但也是在这样的环境下，我的数学被训练得非常好。

《单读》：那时候为什么举家搬迁到美国去？

金安平：父亲当时在台湾教书，他十分喜欢教书，喜欢把新颖的知识体系和视野带给他的学生。受到他在宾州大学时的老师影响，1953 年的时候，他就开始在台湾教现代建筑设计，他也是第一个介绍所谓的“现代建筑”给台湾建筑系学生的人。他编辑的建筑杂志也是一流的。东海大学的建筑系名声很好，其中很多建筑系毕业生都是父亲的学生，有些现在七八十岁了，还在开建筑事务所。

父亲离开台湾，有些人认为是他受到国民党的压制，他的想法太激进了，想说什么就说什么的，这在台湾政治解严前是很危险的。另一方面，国民党人说他是亲右的，其实父亲根本不区分亲左亲右，他是一个跟着庄子走的人，根本没有派系和党别的概念。他最恨这种压制，后来很多人说是因为这样我父母才离开台湾。

但是我问父母，他们说完全是因为孩子。一方面，他们觉得在台湾体罚孩子的教育方式太不人道，太惨了，美国是另外一种宽松的教育方式，能给孩子更好的教育。另一方面，在台湾教书收入有限，而当时家中的经济负担很重，四个姐妹要生活、念书，压力很大，而在美国，无论是教书还是进建筑设计事务所，经济压力都会有很大的缓解。

到了美国，我发现我功课最好的就是数学，他们的数学课对我来说完全是开玩笑，所以我完全集中于英文，也因此特别喜欢英文。那时候我对历史课反倒无所谓，觉得历史老师教得不太好。比如我们在弗吉尼亚州，教美国南北战争的历史只讲南方都是对的，完全不接受南方输了战争的事实，讲重建时期（Reconstruction Era）时，就会说北方人非常可恶。1960年代我上中学，橄榄球赛时升的还是南方的国旗（现在这是完全不允许的），唱的是*Dixie's Land*，也不是美国的国歌。那个时期中学英文教的都是英国和美国文学，我对英语文学特别有兴趣，放学后就和父亲讲爱默生，说他比庄子要好,和父亲辩论。父亲很喜欢我对他的这种“挑衅”，正是通过这种和父亲的论战和“挑衅”，才帮我打下了思想史的底子。

我们姊妹读大学时，父母也完全尊重我们自己的选择。在美国的亚裔父母都希望孩子读科技，学法律，学商科，等孩子进入大学发现了历史之魅，发现了文学之美，执意转行，有些父母就会很不高兴。美国人认为大学是一个探索时期，一个人应该思考要怎样度过一生。我上大学时选了数学，但上了微积分、抽象几何的课程后，我觉得自己完全不是读数学的材料，反而跑去旁听了很多文学方面的课程，所以申请研究院的时候，我就自己作主，申请了中国文化思想史。

《单读》：您的爷爷金毓黻先生是很有名的历史学家，

1943 年曾与李济、傅斯年等人一起发起组织了中国史学会，其《中国史学史》是国内史学史研究发端之作。这样一位赫赫名望的长辈，他对您有什么样的影响？

金安平：我从来就没有亲眼见过爷爷，关于他的一切，都是别人告诉我的。小时候，父母亲都会跟我们讲到很多爷爷的事情，包括很多奶奶的事情。爷爷最不喜欢的两件事情，一个是抽鸦片，一个就是娶小老婆。他非常尊敬奶奶，但在日记里面几乎不写奶奶的事情，因为这是中国的习惯，是对女性的一种隐晦的尊敬。

关于爷爷，现在大家提及并研究得最多的就是他的日记，那是爷爷生前用毛笔一点一滴记下的。爷爷的书法十分漂亮，几本小册装进一小盒，现在都收在台湾中研院，保护得非常好。小的时候爸爸妈妈也和我们讲过爷爷的日记，但存放在大陆，我们看不到，只知道那是学者式的日记，记了很多学问方面的事，大到他的历史观，小到某一天读了什么书，对某件事情有什么看法。另外，他写的诗，他朋友给他的诗和信件，他都抄在日记里面。那是特别珍贵的史料。

《单读》：当时他们做研究方法也是，比如说考据，做编年体例，记翔实而系统的日记，与这种做学问的方式也有关系？

金安平：爷爷留下了很多信件、书和诗作，包括写给朋友的小传，名人小传，还有他在重庆教书的时候学生给他的诗，都是非常有价值的东西。

我看过不少这样的日记，但我觉得爷爷写得最好。他的方式很不一样，当时他受到清末考据派史学家的影响，他也跟着那个模式写,是一个学者系统的思想记录,而不只是日记。

《单读》：虽然金先生留在大陆，但他的挚友李济先生他们都去了台湾，他们对您有什么样的影响，后来有交往吗？

金安平：我们是住在台南，而李济先生他们大多在台北。台南跟台北很不一样，爷爷认识很多跟着国民党去了台湾的人，很多都是他在北京时候的朋友。那时候，他的朋友们都劝他去台湾，但他对国民党还是有些自己的看法，他爱的是国，跟党没有关系。爷爷最关心的还是历史，读他的日记就能感觉出来，他为了研究历史可以不顾一己之忧。而且，我们虽然去了台湾，但当时都以为过个两三年就可以回来，谁也想不到历史后来的走向。

《单读》：那爷爷和您后来在哥伦比亚大学东亚所的授业恩师房兆楹先生，他们的教学和研究方法是否有相似的地方？

金安平：房先生以前在燕京大学的时候，去北大听过爷爷的课。听母亲说，爷爷完全是一个读书人，并不擅长直露地授课，所以上课时，他基本是整个人面对黑板，几乎不会转过身来面对学生，就像他仍然是在独处一样，和自己相处让他觉得自在，可以沉浸在他的学问世界中。我父亲就很不一样，父亲是个非常会讲课的人，这可能和父亲接受的是西方教育有关。

但无论是爷爷还是我的恩师房先生，他们都是走的考据这一派，从这一方面来说，他们都是沿着传统治学的方式在往前走。

《单读》：您受到他们的影响大吗？

金安平：我觉得影响是很复杂的，在考虑学术问题的时候，我非常喜欢这种考据的方式，但平时在生活中，我又完全是另一样子。朋友有时候会笑话我，我非常爱看小说、电影，爱跟年轻人在一起，在这方面，我反而受孩子们的影响更大，而不是上一代人。

《单读》：年轻人接触的新生事物对您的影响更大？

金安平：父母给我的影响主要是在思考问题、做学术研究方面，或者看他们怎么样教育学生——毕竟我也是教师，这些给我很大的影响。爸爸在重庆大学的时候，接待过很多流亡学生来家里吃饭。而且教学方面爸爸比我好得多，他特别灵活，能因材施教，他的方式经常给我很多启发。从本质上说，我的生活更美国式，也许是因为很小就来了美国，在美国长大，受了他们文化上的感染。

说到来自孩子们的影响，比如儿子喜欢棒球我也跟着喜欢，像粉丝一样追球队，也会和儿子女儿们讨论电影、小说，他们甚至会开玩笑说我看的电影和小说太肤浅。我是个矛盾的人，一方面又非常喜欢考据，非常尊敬章学诚、刘宝楠这些史学家。其实做考据学就是要有一种好奇心，不管不顾，一门扎进去。从某种程度上，考据学更像一门科学，需要理性的分析。也有人问我说是不是受到大学数学专业的影响，我也不晓得。

《单读》：对于文学和电影，您个人有什么样的喜好？

金安平：我喜欢看侦探类的电影，相对来说，我更喜欢男性作家的作品，艰涩，需要耗费时间去读，去理解。历史小说也行，但并不是特别喜欢，我最喜欢的就是那种能让人发疯的小说，也许需要多次尝试才看下去，但非常有挑战，这可能和我喜欢考据学有关。

《单读》：《合肥四姐妹》那本书，和《孔子》这样的历史写作很不一样，是纪实性更强的一本书，有大量的采访在里面。

为什么会有这样的一本书出来？

金安平：我本身非常喜欢采访，那本《中国的孩子》（*Children of China*）也是采访的方式。采访的时候，面对孩子，我会本能地喜欢他们，会想了解他们的想法和世界，而面对长者，我觉得机会难得，他们更像是一笔宝贵的财富，更多的是想记录。

张家四姐妹的缘分，是因为史景迁先生认识张充和，他们是耶鲁大学的同事。一次我母亲来我家，我就把充和请过来吃饭，可能因为那一次的气氛很好，那天她的谈兴很浓，一旦开口，你才知道她的口才有多好，非常幽默，喜欢逗人，甚至会有些善意的刻薄，十分可爱。

平时充和很少讲家里的事，但那天她突然开始讲起她的祖母。因为我之前做过采访，她一开始讲故事，我就不停地问，把故事一直往下延续出来，我一边赞叹，她就一边丰富着她们家族的故事，十分过瘾。

第二天我就给充和打电话，问她可不可以跟我们再一起聊一下？以前她在这方面是非常谨慎的，但没想到这次她马上就答应了，这也的确是一种缘分，说不清楚的。她交友的标准十分严苛，而且不是说你是大名人，她就会对你有宽容，她完全由着个性来，喜欢谁就是谁，这也是我十分欣赏充和的一点。

我没想到的是，充和不但一口答应，而且她跟我讲，说你可以回中国去见我的两个姐姐，二姐跟三姐，还有大姐是在加州，她说都没有问题，到时候跟她们写封信安排这件事。我简直不能相信！立即就开始和充和约采访的时间，生怕她有什么变卦。当然也不是正式采访，我们在一起就是聊天，录音的小时数不计其数，而且有时候她会突然问我：对了，我有没有和你讲过这件事？……后来书已经写完了，出版了，跟充和在一起时，她还会突然说：对了，我有没有和你讲过那件事？讲完之后，我就悔之不及，我说充和你当时为什么不跟我讲，为什么不早点跟我讲！很多非常打动人的事情，她都记得。

《单读》：她们四姐妹间还有一个通讯是吧。

金安平：对，叫《水》，是她们几个姐妹办的一本家族小杂志，里面有很多珍贵的资料。另外，她的大弟弟很早就过世了，但他的日记还在，《合肥四姐妹》的书里面有引用过一些。大弟弟文笔好，有段时间，我一直想写本书，关于他的那些日记。充和特别跟他大弟的女儿交代了这件事，大弟的女儿现在在贵州，后来也就耽搁下来了。因为这些事情和细心的安排，我一直十分感激充和，她的宽容，她的体贴的安排，帮我收集史料，包括她曾祖父的文章、二姐和大弟的日记，等等。没有她，那本书无论如何出不来。

二

《单读》：以赛亚·伯林曾说过：研究历史需要一种想象力。在历史写作中，比如说像《孔子》的写作过程中，有很多千年前的生活细节、日常场景以及人的行为规范，是需要想象力再综合以资料才能复原的，您是怎么做到，并且把握好那个度？

金安平：首先，对于想象力，我有一种本能的信任。这可能和我小时候与父亲辩论庄子有关。其次，想象力本身有很多种，有司马迁式的想象力，有《左传》作家式的想象力，班固也有他的想象力，而庄子的想象力简直就是达到了疯狂的地步……我非常喜欢《齐物论》，那里面就蕴含着一种近乎疯狂的想象力。

在写《孔子》那本书时，我看了很多史料，后来觉得像《礼记》里的很多就不是史料，而是讲故事，有关于孔子的故事。你要在多大程度对它们达成一种信任？这是一个很重要的问题。我反复阅读汉代的著述，尤其是《礼记》，其中很多的记载是比较晚的，包括有一些是西汉的逸闻，故事成分过重，仔细考虑之后，就决定弃之不用。主要以《左传》、《论语》加上刘宝楠的《论语正义》，这里面就有很多历史的场景。

那是寻古的一方面，但同时我又考虑其他的因素。我非常喜欢庄子，尤其是“外篇”《山木》等，我反而觉得庄子是最了解孔子的人，他对孔子有一种“同理心”（empathetic understanding），这个“同理”不是通常意义上的同情，也不是某个向度上的理解，而是一种整体层面上的理解。这就回到历史研究中的想象力的问题，历史学家在寻找史料的时候，尤其是研究千年前的主题时，他必须对研究对象有一种强烈的“同理心”，再加上他的历史想象力。

我觉得庄子就抓到这一点了。比如，庄子他对孔子和弟子颜回的关系，就有一种“同理心”的理解，而孔子在谈到教育、谈自己的各个弟子，只是一种道德想象力（moral imagination），这和历史想象力（historical imagination）不一样。而庄子两方面都顾及到了，在《田子方》、《山木》篇中，他就在以一种丰富的想象力来抒写，他会嘲笑孔子，同时也会以非常低的姿态来嘲笑自己，以自身为参照系来理解孔子。每个人都有他的瑕疵和缺陷，你可以自嘲，也可以嘲笑他人，将自己和他人放在一种历史语境中，相当于把自己置身事外，来评价、想象和再现一群人，这是历史写作的精髓。从这个角度来说，我觉得庄子观照出了孔子作为一个历史人物的精神内核。所以我在前言中说了，我决定将《庄子》作为一个重要的资源和研究来源，当然不会太多，因为它在史实上毕竟缺乏可靠性。但从历史的整体的想象力上，它很重要，抓住了本质。

《单读》：所以说，这是一种整体层面上的理解。

金安平：有的时候，再现一个真实和饱满的历史人物，光靠史料本身是无法达到的。反而像庄子那样富有想象力的人，才能越过史实直达本质。比如我在书里讲到，孔子周游列国的线路，按司马迁的《史记》里的记述来复原，是不可能完成的任务。反而一位日本学者在他的一个很短的“孔子传”里提到，《庄子》里写到的孔子周游路线反而比较可靠，就是从魏经宋，从宋到陈蔡，到楚，然后又到魏，最后回到楚国。而按司马迁《史记》中的那条线路，来回穿越，从时空上是不可能完成的。

另外，《孟子》中的一些史实也相对比较可靠，一来孟子是孔子子嗣的弟子的弟子，再一个他们隔的时代也不远，所以我引用了一些《孟子》互相对照，比如《史记》中有一些矛盾的地方，我会用《孟子》来比照。

《单读》：这样的历史写作，和国外主流的历史研究是很不一样的吧？他们会严格遵循史料，每一句话都有出处，每个观点都按逻辑来。

金安平：其实相去也不远，因为我大部分是征引刘宝楠的《论语正义》，再就是《左传》。《左传》的年代记载相对可靠，《左传》最后记载孔子公元前 484-479 年周游列国完毕回到鲁国，跟《论语》里的记载可以互相对照。

另外就是上海博物馆馆藏的战国楚竹简中，最近发表的其中有八篇提到孔子，差不多都是对话，跟季康子的对话，或者是孔子与子贡谈鲁邦大旱的事，这些也都是《左传》、《论语》中有记载的。我非常喜欢做这一类考据的事情，突然有出土文献作为佐证，我会觉得是一种惊喜，也会更加有把握。

《单读》：最近这几年，中国突然兴起历史热，很多人开始关注历史、研究历史，而且不再满足于过去那种戏说历史的态度。您怎么看？

金安平：有一种说法是，因为中国没有严肃的宗教，所以一遇到问题，很容易就到历史、到家庭中去寻找原因和答案。虽然现在都是独生子女，可是家族的亲情依然在，我在国外感受特别强烈，华人家族、血缘中的那种牵绊特别强，这也是一种历史的维系和传承。再有，就像我和史景迁先生这样，受到很多人的恩待，一些只上过一学期的学生，可能会数十年地记得你，师生间的这种感情，对中国人几乎变成了一种本能，是一种天生的情感。

《单读》：中国的传统就在这里面。

金安平：对，我觉得传统是在这里。所以回到刚才孔子的问题，我觉得好像回到中国传统文化的源头一样。对一般人来讲，孔子讲的“礼”并不好懂，但它已经在我们的日常生活之中。不像西方一样，“礼”不只是一种礼貌、礼节，它有一种非常深的涵义在里面，它不只是一种道德，更是一种人和人之间恰当关系潜移默化的传承，将人的性情和社会的规则结合在一起，非常好。而且这就像孔子说的“述而不作”，它是我们一种自然而然的反应，而不是做出来给谁看。

为什么孔子的思想历千年而不衰？当然经过了很多演变，但对于一个人来说，它已经变成血脉中的一种东西。中国的思想一贯如此，不管是儒家还是道家，它都讲究一个“自然”，从来不强加于人。我觉得这是孔子的聪明之处，他的学说，他创造的这套人类早期文化，这种做人做事的模式，是从人的内心深挖出来的。后来的孟子跟荀子也是一样，尤其是荀子。我非常喜欢荀子的，但我现在不能讲荀子，一讲起荀子就没完。但无论如何，他们从人的内心催生出一个世俗社会（secular society）。

《单读》：既然荀子不能展开讲，那荀子和庄子您更喜欢谁？

金安平：两个我都非常喜欢，他们俩走的道路很相近，到了某一点之后，他们分开了。荀子还要回到孔子提出的“仁”的概念，庄子也是讲“仁”道，但他的概念就更开阔一些，更接近内心。我觉得《庄子》里面也有“道德”的概念在，你也许没法一言以蔽之，可是读着读着，突然一下就在那里了。一般人认为庄子是个怀疑论者（skeptical），但我觉得怀疑主义只是他的一面，他跟惠施有很多辩论，包括像著名的“子非鱼”，以悖论（paradox）的方式提出了自己的见解。

《单读》：所以从您最早的著书，《中国的孩子》那本书开始，您就是在研究这种内生的社会是怎么形成的？

金安平：刚开始我只是在寻找，还只是一个研究阶段，但方向大抵如此，变化很多。我非常相信庄子说的，一直要变，永远都在变。我现在还时不时读《庄子》，尤其是《齐物论》这一篇，我常常觉得自己是在误人子弟，因为我上个月对其中某一段作了解释，可能一个月之后就有了很不一样的领悟，甚至会完全相反。但我觉得这是中国文化的奥妙所在。

《单读》：除了这些采访类的非虚构写作，以《孔子》为代表，在历史的研究和写作上，您为什么选择华夏文明的早期，是因为早期的可能性更多吗？

金安平：因为我觉得那个时代比较有意思。我跟我的学生们也说过，我说春秋战国过了以后，在思想史这条线上，我们就一直在走下坡路了。当然这是开玩笑，但我的确觉得，早期的东西是最精彩的。现在越来越多的出土文献，也证实了这一点。而且研究早期文明，很多地方需要你展开历史的想象力，这也是比较有趣的地方，比较吸引我。

《单读》：一诞生就达到了高峰。

金安平：对，就是这样。你可以想象当时的情况，很自由，但也有很多挑战和暗流，很多四处游说的儒生和政治说客是非常可恶的，但同时，因为他们的存在，也把你锻炼得更加自如，更加灵活多变，所以你的学说也不可能是僵化的，要非常灵活，要能应对和解释他们的现实世界。

另外，还有一个非常重要的问题，我现在还在考虑，就是说《庄子》的读者到底是一群什么样的人？庄子可以写出《齐物论》，一定有他的听众，有他的读者群。那这是什么样的一群人？我觉得这是一个谜，特别神奇。

《单读》：您理想中的历史写作应该是什么样的？或者说，您最想达到的历史写作的最佳风格是什么样的？比如是像《庄子》那样的吗？

金安平：很难说。我认为还是要让读者真的吸收了解一些东西，历史写作中很重要的一点是历史叙事（narrative），这不是讲故事，而是要讲述你是如何发现、接近一个问题，然后经过你的历史叙事，可能最后还是有很多问题没有得到解决，而你自己依然在追寻这些问题的答案。在这个过程中，不只是让读者吸收到了一些东西，而且向读者展示了一系列的问题，让阅读的人自己开始思考。历史写作从来不只是说，我告诉了你一些东西，而是说，我向你出示了一系列的问题，与之前研究者不太一样的问题，现在，你必须往前走，在寻找答案的过程中，发现更多的问题——这永远是一个无限接近的过程。

（实习生杨茹君对文字整理亦有贡献）

十 艺术

在这个世界上存在过的事物，大至山川河泽，城市村寨，小至秋叶鸣蝉，朝花夕露，最终都难逃消逝的宿命。然而事物存在过的痕迹，却往往难以被抹去。这些层层遗留的“痕迹”，有的早已变为影像与文字，封存于先人与我们的内心之中，成为了个人的情感与记忆的一部分。而艺术的力量与价值，便在于解除这道个人的“封印”，使其转化成为人类的公共记忆。

从「新地景」到「文人景」

——塔可和他的《诗山河考》

撰文 翟蚕

初识塔可，是我十几年的旧交好友 Gunther Cartwright 的介绍。

“有个中国来的年轻人不简单，你有没有兴趣见一下？”

Gunther Cartwright 也正是塔可在纽约罗彻斯特理工学院（RIT）摄影系的导师，这个老头的特立独行与对学生的严苛，在我认识的普遍好脾气的美国教授中绝对独一无二。

罗彻斯特理工学院在美国摄影教育界更是所特立独行的学院。与提倡开放包容的美国其他艺术院校不同，这所大学的课程设置与上个世纪 60 年代杰里 · 尤斯曼（Jerry Uelsman）在的时候相比，竟然只增加了数码摄影中的一小部分。但是，百年间，从米诺 · 怀特（Minor White）到新地景主义（New Topographics），这所学校催生的数个摄影流派与人物却改写了整个美国甚至世界的摄影历史。

不过我与塔可第一次见面时，他已经从罗彻斯特退学，返回了纽约，正醉心于绘画。初见面，他就向我痛斥美国艺术教育的僵化，严密刻板的学分制系统与看似开放实则教条的培训系统，让学生的思路与创作变得同质化，保持精神空间的独立性变得异常困难，所以他选择了离开。他位于 Williamsburg 的工作室中，层层叠叠地堆满大大小小的画框，描绘的对象是抽象到只剩下线条与肌理的迷蒙山水，每根虚实莫测的线条都敏感到仿佛是直接连接着神经末梢，但又把个人的真实意图封存在涂画书写痕迹的深处，并不与观者发生任何情感的交流与接触。

此后几年未见，断断续续从朋友处得知他回到了中国，正埋头查证浩瀚的古籍典则中与《诗经》有关的地域信息，并想据此重新探访拍摄那些在《诗经》中被吟唱了两千多年的山川、古城、河流、故道。坦白说，我并没有很大期待，因为这些年见过了太多照搬“新地景”形式的“景观”照，外在形式上利用客观理性的借口掩饰自己美学特质的缺失；内核意义相对于这类风格诞生之初也并没有产生多少新意。看多了这类作品，只感到艺术家创造力与艺术形式的干瘪无力。

直到去年夏天，他向我展示了几十张《诗山河考》项目的样片，我才仿佛真正触摸到了他思维的脉搏。他也向我述说了拍摄这组照片的缘由：

“读《诗》益多，常不自觉地陷入冥思之中，恍惚间似是可见‘零雨其蒙’的东山上思归的戍卒；浼浼黄河旁的新台中哀怨的新娘；三月春日中，溱洧水畔手执蕑草嬉戏祈福的少男少女。个体来自祖先遗传的隐性记忆好像被绮丽的冥思启示后渐渐打开了，这些与我生命中并无交集的地方似乎都在意识中变得熟悉亲近，仿佛伸手便可触及了。

“继而我便萌生了一个想法，要在时隔两千五百年后，去《诗》中提到的这些地方看看。看看这些孕生了如此优美动人的诗歌的地方如今是何种景象。”

我对《诗山河考》的第一印象是完成度非常高，此处我所指的“完成度”，不仅是指作品形式内容本身的完成度，还包含了作品理念的充实与表达方式的完善。

对中国当代摄影来说，这套作品最有价值之处是作者有机会接触到“新地景”诞生与发展的直接经验，并且接受了其中的一些经典特征作为铺垫的背景语汇，调和了其专属的“文化特性”与“身份认知”，并且在其中努力探求一种当代的可能性。

在此之前，有直接的国外教育背景的艺术摄影师虽然有一些，但同时具备比较深厚的东方文化素养的摄影师就属凤毛麟角了。作者对一个主题的类型学式的收集与取舍，建立起的反而是凝固的个人记忆形态，这些照片一开始就有意识地选择规避与时间的关联，本身却又成为了承载创作者个人经验的容器。这种取舍与作者的东西方教育背景有关，同时也不可否认它是作者性情的体现，正如陈衡恪在论述文人画时讲的：“不在画里考究艺术上功夫，必须在画外看出许多文人之感想。”

传统文人画所具备的特征与“新地景”的内在艺术风格在两个方面关联甚紧：第一，形式与内容的高度提炼，从而使创作这个行为本身凝结为程式化的“法度”；第二，在程式化的框架中持续进行的技术实验（笔墨，物象结构的建立），保证了在创作这个行为相对固定的情况下，心理情感的投射得以顺畅地进行。

而对于第一点中所论及的形式与内容的提炼，不论是“新地景”还是文人画，都被要求回避情绪，个人的判断与感情都必须缺席，这并非是作者不具备表达情感的能力，而是创作者主动选择摒弃这种易变的主观不稳定结构，从而寻求一种建构于逻辑之上并精心设计过的相对稳定的中性框架。这种相对稳定的框架尽可能要拒绝一切修辞，拒绝“好看的形式”，也同样拒绝“难看的形式”，因为二者皆会引导情感投注到不必要的方面，导致观者对话语性与图像性做出分别阐述，妨害作品趋向于更纯粹的哲学观念的表达。

类似的创作方式在艺术家个人的角度常常被阐述为“隐身”（invisibility）的美学，这种态度避免了与风格流派直接挂钩，更倾向于跟逝去的伟大传统与艺术家建立起超越历史的精神性联系，而塔可的照片正是这种风格的一个典型例子。从拍摄题材的选择——《诗经》中出现的地域风物，这种对当下无法造成直接影响互动的题材，反而可以让作者游离于意识形态与文化批判之外，获得更大的创作自由，我们从中看到的是一种矜持冷静的文化态度。而塔可对摄影语言的运用，则让观者可以从中明确认识到艺术家对于元素的精心取舍，渗透于物象痕迹中绵密起伏的细微的灰调子，视觉中心也往往被巧妙地隐藏于对称平衡的直叙式构图之中，画面内外能被消解转化的一切现实元素，地域、时间、背景，都被清除，图像转变为没有任何负载的“拟像”后，“空无”与“玄学”的特征却表露出来，并充斥于画面之中了。不能否认，这种理想化的审美情趣也是对当下美学习惯与社会心理的刻意反叛。摄影自身的特性决定了其只能是针对于事物表象进行摹写与改造，但是摄影师通过对整个项目内在逻辑力量的准确把握与对表象痕迹反复程式化的摹写，却可以打碎形式本身，找到了通往事物内蕴核心的契机。这种创作方式从内到外都是非常理性且有信服力的，然而正是因为如此，照片的含义在程式化的框架中被抽离，显得暧昧不明。

在宗族社会与儒家伦常早已土崩瓦解的当下社会，文人画生存的土壤早已被剥夺；在个人经验越来越被重视的当代艺术系统中，中性客观的“新地景”也早已被其衍生所遮蔽，塔可《诗山河考》的创作动机不可否认是对这两个伟大传统的深情召唤，然而作品自身却挣脱了二者形式上的束缚，个人经验的自在表达反而拓展了所谓的传统，更成全了其自身。

雅颂系列— 烈烈

雅颂系列 — 轻尘

齐风、曹风系列

秦风、豳风系列— 太阳下的山

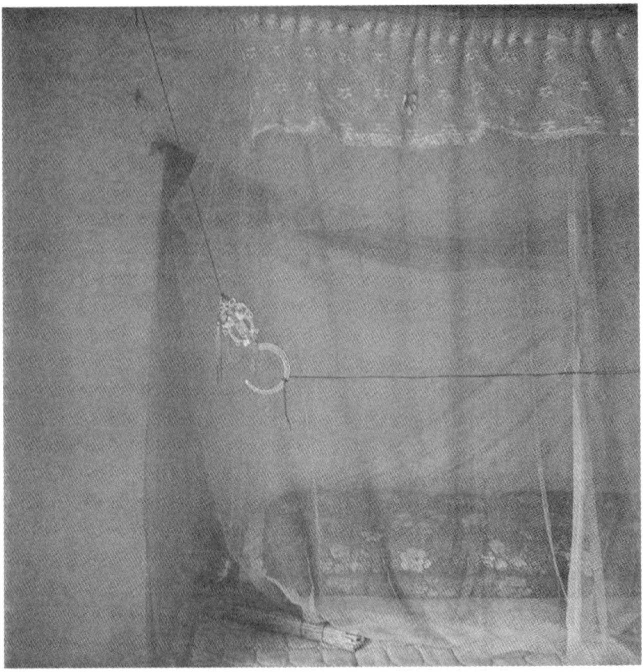

卫风系列— 喜字帐

王风系列— 垂落的树

雅颂系列— 舞雩

郑风、桧风系列— 猗傩其枝

个体来自祖先遗传的隐性记忆好像被绮丽的冥思启示后渐渐打开了，这些与我生命中并无交集的地方似乎都在意识中变得熟悉亲近，仿佛伸手便可触及了。

△ 报 道

最初，美国警局的接警频道能被绝大多数的家庭广播机收听到，收听警用无线电通讯成为时尚，甚至成为流行一时的“娱乐节目”。

永不消逝的美国电波

——911的前世今生

撰文 王敦

洛城警局（LAPD）大名鼎鼎，一切皆因其艰难的治安状况和出警任务发展而来。1965 年在瓦茨街区发生的非洲裔暴乱（Watts Riots）和 1992 年的城区暴乱（The 1992 Los Angeles Riots）震惊全世界，总共造成 87 人死亡和十亿多美元的损失。洛城警局也因此成为影视和媒体的焦点，激发了都市想象和传奇，娱乐了大众，并造就了好几代专爱“监听”警讯波段的无线电爱好者……

从世界范围来看，警察的接警体系及网络的基础在西方。西方城市走向现代化的时候，警务通信从依靠脚、马、书信，过渡到依靠有线电报、电话。在十九、二十世纪之交的街道照片里，电话和电报线密密层层地缠绕在电线杆上。警察在早上点名的时候得到当天的任务指派。后来，通过街道上的电话箱，警察可以在巡逻路途中得到指派。

这种电话系统是不对公众开放的，专门让警察随时从电话箱打电话到警察局。老式的警用电话箱“Gamewell”，就在洛城街头存在了达一个世纪之久。它位于不同巡防路线交汇的街角，是汽车时代来临之前的产物。从 1899 年开始，这些箱子被警察用来给局里的每小时整点通话，那时警察步行巡逻，叫“footbeats”。尽管被习惯地被唤作“Gamewell”（这是生产厂家的名称），洛城也有一些老式警用电话箱是由其他厂家制造的，如“Cannon Electrical Development Co”和“Western Electric”。

汽车的应用使得都市化的延伸与时俱进，也促成了警讯技术的与时俱进。魔高一尺，道高一丈，当罪犯利用汽车来流动作案时，警方则布下了无线电这张“天罗地网”。1920

年，在美国匹兹堡诞生了世界上第一座无线广播电台，代号为 KDKA。无线电广播从此开始进入日常生活，美国各地的警察局也开始尝试无线电广播技术。警方最初对无线电的利用，仅仅是借用当地广播电台。比如 1929 年在加州的旧金山，警方首次在一个商业电台 KFRC 里中断其正常节目而播放紧急警讯。巡警则在警车里锁定广播，伺机而动……

各地警方也很早意识到需要拥有自己的专用电台。早在 1928 年，北加州的伯克利市（Berkeley，加州大学伯克利分校的所在地）就获得了警用无线电执照。1930 年，北加州的旧金山、美国中西部的芝加哥警方等也从联邦无线电委员会（联邦通讯委员会的前身）申请到了专用广播电台的执照。在警务无线电通讯的发展初期，联邦无线电委员会统共只给全国的警察局发放了八个频段，所以相距相隔数州的警察局都要共用同一个频段。

再看洛城。从 1909 年到 1929 年，洛杉矶市辖区的面积和人口都翻了一番以上，吞并了好莱坞等不少地段，洛城警局的担子也陡然加重了。在 1924 年 5 月洛城一个无线电展示会上，警局局长希斯（R. Lee Heath）看到了爱好者自造的装置在汽车上的广播接收机，就觉得这应该成为警务通讯的未来。第二年，在全国无线电博览会（National Radio Exposition）上，眼光超前的希斯把警官和电台都送上了飞机，演示从 305 米的空中来锁定“可疑”车辆，并用广播向地面通报讯息。希斯的继任——戴维斯局长（James E. Davis）也不遗余力地部属研发无线电警务通讯。经过几年的酝酿、研发、调试，在斯泰克尔（Roy Steckel）局长的任上，洛城警局获得了无线电广播执照，在 1931 年 2 月建立了 KGPL 广播电台，被分配的波段是 1712 千赫，并在 1931 年 5 月 1 日正式开始使用。

在洛城警局无线电通讯的初期，坐落于市政厅的总台将警讯发给待命的警车，并由位于 Elysian Park 的转播站转发一遍，以求双保险。但警车里还没有无线电发射机，不能直接回话。警员给警局回话，仍然要用街道上老式的警用电话盒。

起初，有 44 辆警车装置了无线广播接收机，继而又装备了 35 辆。1931 年 6 月的警局月报显示，已经播报了 12644 条无线电警讯。8 月 26 日，系统得到更新，公众得以直接拨打“MICHIGAN 6111”这个求警号码，由 8 个训练有素、具备 5 年以上巡警经验的警员负责接听。当诸如抢劫或枪击的紧急呼救电话被接收到时，接收警员会按下“hot-shot”按钮，刑侦部等要害部门的扩音器就响起，避免了转接（RTO，routing it to the radio dispatcher）可能带来的延误。直到今天，美国警方仍然遵循“hot-shot”

优先程序，该词也进入了日常口语。很快，相关负责长官和部门的车里、案头，都装上了接收机。洛城警局把洛城划分为 60 个无线电通讯区。每辆警车前窗上面都放置了分区地图，以便在需要的时候被派遣到他区。驾驶这些警车的叫“无线电警员”。当时警员短缺，“无线电警员”是洛城警局的“精锐部队”。日常的巡防任务，仍然需要在警局指派，警员利用街道上的警用电话箱来打电话至警局。

在 1930 年代，洛城警局尝试了各种广播接收机，有自制的，也有厂商提供的，如 Sparton、Philco 和摩托罗拉（Motorola）。

早期的警讯频段只比公众广播调幅频段“高一点点”。洛城警局的频道一开始是 1712 千赫，后来变成 1730 千赫，所以当时绝大多数的家庭收音机都能收听到。于是收听警用无线电通讯一时间成为了时尚，就像今天有些人依然爱好的那样。在警用广播的初期，无线电调度员在转述警讯后，通常要以说出自己的名字来结束通话。洛城警局 1931 年最早的无线电调度员中，有一位罗森奎斯特警官（Jesse Rosenquist，1899—1966），其嗓音在当时一度家喻户晓（就好比我国 80 年代赵忠祥的电视解说《动物世界》一样）。因为他总是低沉地拖着每个音节把自己的名字发做“Rose-n-quist”。广大“听众”喜欢听他说：“Calling all cars, calling all cars...that's all. Rose-n-quist”。在 30 年代和 40 年代初的南加州，罗森奎斯特警官的魅力嗓音真是妇孺皆知，几乎成为民俗文化的一部分。公众在“监听”警讯一段时间之后，已然“上瘾”，欲罢不能了。具备美国企业精神的广播接收机制造商们也不放过这个市场，很快就营销“直通警用频段”的广播机。

1930 年代是经济大萧条最严重的时期，人们很少会外出找乐子。而且，尽管广播变得十分流行了，但好的节目还有待发展。入夜后，洛城警局的广播信号在全国都能接收到，东到美国东海岸，西到夏威夷，俨然被当作“娱乐节目”来收听。有趣的事情发生了。CBS 广播网邀请罗森奎斯特警官参与录制了广播剧集，就叫 *Calling All Cars*，从 1933 年到 1939 年风靡美国西半部。罗森奎斯特警官的嗓音，成为公众想象中的警讯腔“原型”。当时洛城警局的戴维斯局长也从一开始就参与其中，成为节目早期的讲述者，其中不少故事是基于洛城警局的真实案件。这也是洛城警局在公共和社区关系上面的得分。如此一来，公众了解到，装上无线电通讯后，警车能够快速有效地到达事发地点，这在几年前是无法想象的。

“Calling all cars”这样的呼叫在当时也确实很“酷”。洛城，以及当时的纽约和芝加哥这样的大都市，在 30 年代已经率先进入汽车文化的普及阶段。当时，全美绝大部分地方的城区警务巡防还是“beat cops”（步行巡逻警官），在乡村则是骑在马背上。从 1933 年开始，“乡下”的洛杉矶郡警局与洛城警局进行无线电合作测试，以研判无线电警讯系统是否也适用于乡野巡防。在 1938 年洛郡拥有名为 KQBV 的电台之前，洛城警局为洛郡转发警讯，每一条收费 15 美分。在 1934 年，洛城消防局也把洛城警局的无线广播接收器装在消防船和消防队长们的车上，改变洛城消防主要依赖于电话和街角火险专线的面貌。

1936 年，联邦通讯委员会颁发给洛城警局一项“实验性”执照，在四辆警车里安装了无线电发射机，来测试无线双向电警讯。发射机的频段是 30—40 兆赫，而接收机则仍然在 1712 千赫。当时的技术水平无法做到将接收机和发射机合为一体，以至于警车上有两部天线。洛城警局想给所有警车安装双向无线电，但当时还有很多人对这种前沿设备表示怀疑。终于，市议会在 1938 年批准了有限的资金，只够对 200 辆警车进行改装，并且不许购买新设备。于是，警局的无线电技术人员在林肯高地监狱的地下室作坊里自行制造了 210 部车载发射机。这些“土造”的设备居然被用了十多年。

在加州北部的旧金山，同样归功于警方的自主研发，旧金山警局于 1941 年也在警车里装备了双向无线电通讯，领先于全国各地绝大多数警察局。在危机四伏的 30 年代，旧金山警方忙于镇压罢工，保护工业和海运资产，遏制经济萧条带来的犯罪潮。警方的双向无线电通讯在协调行动方面起到了关键的作用。

第二次世界大战期间，美国全力作战和动员备战，警务无线电通讯的发展处于停滞期。在 1942 年 2 月 25 日凌晨，洛城的一场空袭虚惊引发了警务无线电通讯瘫痪。当时空袭警报大作，一万两千名防空志愿者（很多是妇女）戴上头盔和臂章全副出动。海岸炮火对西洛杉矶上空一个至今也无法得到合理解释的“飞行物”进行射击，大量的弹片掉落在市区。无线电频段被人们发出的大量讯息所拥堵。在凌晨 3:08，所有的无线电台被命令停止发射信号，包括警方电台 KGPL。警方采用老式“Gamewell”警用电话箱来调度警员去摸黑处理各种紧急情况。事后，有关部门承认没有一架敌机被辨认或被击落。算是乌龙一场。

还有一件轶事。在 1945 年末，洛城警局收到了来自驻防在阿拉斯加州最西端阿留申群岛的海军的一封信，抱怨说有一个“低沉的嗓音”频繁打断海军无线电通话，播报诸如“在 Wilshire 区有一辆汽车失窃”或者在某大街“出了麻烦”等警讯。海军问洛城警局能否“调整一下频段，别让那个嗓音一直抵达阿图岛了”(《洛杉矶时报》,1945年11月10日)。“二战”结束后，军事科技和太空科技的成果带来了巨大的创新潮，包括洛城警局在内的众多警察局迎来了无线电通讯的更新换代。

从 50 年代到如今的半个多世纪以来，南加州居民习惯于在民事广播中收听突然插入的交通警报“SigAlert”。此服务开始于 1955 年的警局与民营电台的合作。当时，随着汽车的风行，交通事故越来越严重和频繁。1952 年，西格蒙（Loyd C. Sigmon）与人合伙买下了 KMPC 广播电台。于是，西格蒙以 KMPC 广播电台执行副总裁的身份，请求洛城警局即时向广播电台通报交通状况。当时的警局局长帕克（William H. Parker）回绝说警员们工作繁忙，只能直接给警讯部门报告情况，不可能另外给广播电台打电话。于是身段柔软的西格蒙放下副总裁的架子，重操技术工程师的活计，研发出一款价值不菲（当时值六百美元）的专用自动接收、录音装置。帕克局长这回允许西格蒙的电台安装此设备，但前提是要把该设备提供给所有对此业务感兴趣的广播电台——换言之，西格蒙的 KMPC 电台得不到他们原本所希望的交通讯息垄断。于是，若干家广播电台安装了这个接收机。当洛城警局的无线电协调员有交通讯息要发送时，会按下一个专门安装的按钮，于是短波接收器就被激活并录制声讯，在广播电台激发红灯和警示音。然后，广播电台的技师会根据听到的紧迫程度，决定是否中断常规节目进行插播。

根据“传说”，第一个“西格蒙交通预警”是在 1955 年 9 月 5 日美国劳动节的周末播出的，要求所有能动员的医生和护士都要去照料洛城联合车站站外的火车脱轨。其意料不到的副作用，却是导致了交通大堵塞。无人能估计出，到底有多少医生、护士和好事者在听到交通警报后奔赴了现场。起初，洛城警局大约每天发出一条这类警报被地方广播电台转播。但很快，其他各类服务机构都开始采用西格蒙的这个系统来播出重要讯息，比如说狂犬病通告、煤气泄漏、医患事故、工程隐患等。当洛城警局在 1965 年把频段提高到甚高频（VHF）之后，西格蒙的系统也相应跟进。1969 年 10 月 1 日，加州高速巡警（CHP，California Highway Patrol）接管了洛城警局区段内的高速公路管理，同时也接管了“SigAlert”系统，并最终将其扩展至加州全境。

西格蒙在致力于此项事业的几十年间从未因此发财，尽管他从地方和州政府、国家安全委员会、广播及无线电组织等获得了各种荣誉。他对《洛杉矶时报》的记者打趣说：“我经营一个大规模企业，下设八个广播电台和两个电视台。但却是不赚钱的 SigAlert 系统让人们记住了我。”该系统对交通安全和救护的贡献极大。也许是因为积德，“Sig”西格蒙一直活到了 95 岁的高龄，于 2004 年 6 月 3 日逝世。

对警方通讯最大的促进来自于1964—1968年的城市冲突高潮期。在1965年8月11日星期三，洛杉矶瓦茨街区发生了大规模的非洲裔居民暴乱，警方的无线电通讯系统差点被摧毁。8月13号星期五的深夜，洛城警局将警讯频段移到了甚高频（VHF）。这已经酝酿了些时日——绝大多数警车里已经装了甚高频设备。骚乱者利用警讯来为之所用的可能，迫使警方在这一晚实现了切换。据当时的《洛杉矶时报》，暴乱持续了144个小时，导致34人死亡，1032人受伤，以及四千万美元的财产损失。美国国家民事骚乱专项顾问委员会（National Advisory Commission on Civil Disorders）发现，大多数的公共安全无线电通讯系统是不能有效抵御破坏行为的，建议发展便携式对讲机（它其实是越战承包商所研发的）。

70年代，最初的电脑终端进入了警车，被叫作MDT（Mobile Digital Terminal），让警员们相互之间可进行通话和利用键盘的文字通讯，还可直接检索车辆和犯罪纪录，自动辨识警员身份和地点，无需再通过无线电中转员。因为MDT传递信息是加密的，警方可以稍带享受私下交流的乐趣。但瓦茨暴乱说明，那种由中心调度员一对多地联系警员的方式已经过时，不适应日益复杂的情况。

1967年，洛城警局的雷丁（Tom Reddin）局长批准了警车和警车之间的通讯，这是前任帕克局长一直不愿批准的，因为他怕“管不住”警察。这也被不幸言中：90年代的洛城警局声名狼藉，原因之一就是警员利用MDT传递污言秽语和种族歧视言论。

1984年1月，“9-1-1”紧急号码在整个洛城开始运转。80年代以来的警方通讯系统更趋保密化，外人绝少能破译。这些技术和应用是昂贵的，显著增强了警员的安全性、机密性和流动性。但同时，这也造成警员与他们服务的社区日益隔绝。警员更多是坐在车里巡逻，其越来越多的日常工作是对通讯信息的读取和反馈，而不是自主性地在第一时间用自己的眼睛、耳朵发现问题，自发进行现场干预。

2001年6月18号，洛城警局结束了70年的“开放式”警讯播报历史。2002年，一个全新的数字化无线系统建立起来。对警讯的公众粉丝来说，一般的广播是无法收听了。他们也得鸟枪换炮，需要买500美元以上的专门广播机来继续这一嗜好。21世纪初，北加州的旧金山警方运转着拥有29个频段的无线通讯系统，有4个波段是专门传输数据的，使得数据不断在中央主机和警车里的电脑之间传输。无线警讯“永不消逝的电波”也愈发喋喋不休，既给我们带来安全感，也让我们从此被“蒙在了鼓里”。

他撑不下去。他抓住绳子，任对方击打。年轻人一拳拳袭来，头部、肋部、腹部……毫不手软，作为一名拳击手，一切理应如此。那些倒下的拳击手，都将化作自己的金钱、荣誉、战利品。他感觉不到疼痛，只觉得世界安静了，缓慢地将自己笼罩，模糊的人群不断地散去。

小城拳击手

撰文 林珊珊

你可能去过一些中国县城，它们总有一种无所期望的气息，身在其中却不以为意。少年们也有过热爱，往往又化作庸常。年复一年，孩子在地上爬行，时代潮流走来窜去，似乎这就是天长地久。

某天清晨，我在一个叫永郎的四川小镇下了火车。铁路边低矮的房子在薄雾中紧闭着。我跟随前面的齐漠祥，他个子不高，步伐利索，似乎早已习惯这样的清晨：从成都出发，然后在夜里颠簸12个小时。

他戴顶印红星的绿色鸭舌帽，帽檐压得低，藏着一张小巧的脸，当他抬头看你，湿润明亮的眼睛显得平静。不协调的是，眉骨留下了裂开的伤痕，嘴唇依稀看出缝过好几针，鼻子也有点儿扁塌。一张饱经捶打的脸，我想他曾是凶猛的拳击手。

我在15个小时前认识了他，现在我们要转一趟汽车，绕过群山，到会理县城。清冷的熹微之光中，拉杆箱轰隆隆响在山坡间。他刚从台湾金马奖现场回来，三年前，加拿大导演张侨勇开始记录他和一群少年的拳击生活，拍成了《千锤百炼》，获得第49届金马奖最佳纪录片奖。

“刘德华握过的手哟！”老同学摸着他的手嬉笑着，频频举杯。他笑呵呵的，也想起二十多年前的自己，成天沉浸在刘德华周润发们的港片里。小马哥的世界真精彩呵，伙伴们互诉向往，有时只因为和父母吵了一架，就背起包离家远行了。

会理是四川凉山州的一座古城，四面环山，像艘小船，也被称作船城。船城保留着古城墙，据说它曾是丝绸之路的一座重镇。船城懒洋洋热腾腾的，每走几步，就能看到鸡丝米线、黑山羊肉的招牌以及形态各异的腊肉，粗壮的腊肠和直挺挺的腊鸭密集而整齐地排列着，像某种壮观的仪式。

在船城，我陪他吃过好几餐庆功饭。“得找女朋友啦！”“编制该解决了吧？”这两大问题是饭桌上的善意，除此之外，也许每个人真心觉得对于生活，都有应尽的义务。过去许多年，他遇到的疑惑还包括：你怎么不找个正经工作？为什么老穿休闲服？为什么戴帽子？以及，你为什么骑自行车？

每天，他都在船城骑行，往返于训练场和家之间。家是菜市场边的一间小平房，屋里摆着蛇酒，挂着各种拳击手套，墙上的拳王阿里永远在怒吼被他放倒的对手。他猫在床头的电脑前，哼《春天里》。这天，他从床下拉出沾满灰尘的大箱，一打开，好几十本笔记，都是训练心得。

几天里，电影获奖的消息在船城传开。会理二中挂起了庆祝横幅，校长在升旗仪式上通报喜讯，可能“和刘德华握手”更具传播力，大家都把获奖地点说成了香港。县里还组织了观影会，县领导都前来观看，电视台在现场架起了摄像机。

“很感人！”一位领导说出了他的感想，“当然，那场比赛能赢就更完美了！”李副县长似乎更受感染，“这就是艺术的魅力……悲剧，悲剧更能打动人心！”

齐漠祥低头摆弄手中的橘子皮，就像比赛时那样，再次站到了焦点。尽管，眼前的他更像一个虚焦。

一

这场比赛他期待了三年。如今，他听到韩乔生和澳大利亚主持人以夸张的口吻宣布，2011 年 WBC 洲际拳王金腰带争霸赛开幕。“This is Huili，this is China.”音调拉长，中气十足，给人举世瞩目的感觉。船城的观众报以拘谨的掌声，他们都在等待齐漠祥。

齐漠祥还得等到垫场赛全部结束，才能争夺“金腰带”。他是船城最著名的运动员，中国最早的职业拳击手，一直以来，他都在想象这一天：手举金腰带结束二十多年的拳击手生涯，从此带着乡亲见证的骄傲，在这座小城锻造前赴后继的少年拳手。

他有些头痛，让人着迷的紧张感也回来了。2004 年打第一场 WBC 职业拳击赛时，第三回合就把对手 KO 了。那几乎是他第一次感受到拳击的魅力。两个月后，他在第二回合 KO 新西兰全国冠军；第三场比赛不到三分钟，泰国拳王被一拳击倒。

看起来是残酷肉搏，他感受到的却不一样，那是流动的线条，美妙的节奏，迷人的速度，以及身体里强大的生命欲望。每次上场，就像要跳入急浪，又像面对一张巨大的白纸，缺口已经裂开，他要扑上去，彻底撕碎。

不过，每次想起在省拳击队的十年，熟悉的压抑感就会蔓延开来。那是个被计划过、用等级划分的封闭世界。他永无止境地训练，只为更好的成绩，以攀上更高等级，不同等级往往意味着不同的着装、伙食，不同的自由度，以及领导不同的眼神。

三年职业拳击则带来别样的体验。他形容说，不再是走上刑场的囚徒，而是舞台上的演员。他的排名一度进了次羽量级亚太第五，很快获得了挑战洲际拳王的资格。2005 年，他去广州挑战 WBA 亚太拳王，遭遇职业拳击生涯第一次失败，心情一下从巅峰跌入谷底。不过他喜欢过山车般的体验，那让自己觉得真的活着。

现在，他坐在休息室，表现出放松的样子，朋友过来拥抱他，拳击队的徒弟围绕在身边。1991 年，他从这支队伍被送到四川省队，2006 年他又回来了。他是“齐哥”，没有名分的教练，少年们的英雄。

每一年，齐漠祥都同姐夫去山村学校为拳击队选苗。山村环绕船城，村民大多以种烤烟为生，孩子们住在山里，有些要步行两个小时，才能抵达小学。

“拳击可以改变你们的一生，”姐夫每次都对孩子们说，“希望你们把握好这个机会，离开会理，走出四川。”

孩子们站成一排，好奇地望着他们，使劲打出一拳，有的就被挑走了。来到船城，白天到会理二中上学，早晨和晚上接受训练。他们相互比赛、搏斗，慢慢都习惯了鼻血和淤青。

日子一天天过去，孩子一拨拨长大，他们有了热爱，也有了痛苦，终究汇入大流，打滚在世俗成败之间。可齐哥始终有桩心事。

2008 年，眼看北京奥运会声势浩荡，船城的体育馆也启动修建，姐夫对他说，你就差一条金腰带了。姐夫盘算着去拉赞助，等体育馆建成，就把世界拳击理事会（WBC）的赛事拉到船城举办。齐漠祥低头不语，从此有了期待。

三年转眼过去了，体育馆建成，WBC 张罗第一次在中国小县城举办争霸赛。2011 年，船城四处贴着齐漠祥的海报，他赤裸上身，展现出强壮肌肉。

这是船城有史以来规格最高的一场比赛。当拳击队的孩子们在升旗仪式上听到校长传达消息时，他们欢呼着，周雪梅同学高兴得跳了起来。

那时，周雪梅还不像现在这样多愁善感。她一天天倒数比赛的日子，临近比赛的夜晚，她叫上几位同学去车站，等待从昆明训练归来的齐哥。

那是下雨的夜晚，周雪梅每看到一辆车就凑上去张望。张望了一整晚，她冻得瑟瑟发抖，终于在最后一班汽车望到齐哥的身影。

这一天，周雪梅早早来到现场，师兄师姐们也从四面八方赶来。后来，我见到了其中几个，推销汽车的刘亦刚、四川省队的何宗礼、卖腊肉的刘佩……

工地保安缪云飞也回来了。他害怕见到齐漠祥。

二

“齐——漠——祥”，韩乔生憋足了劲。齐漠祥上场了，他身披红色战袍，高举拳头绕场一周，跟在后面的红色横幅写着：中国选手齐漠祥加油。大家都站起来鼓掌。

缪云飞静静待在观众席，他落寞又激动，“这不就是你想要的吗？你现在过的是什么生活？”他看到齐漠祥站到擂台上，仿佛自己也回到赛场中心，在操场上、广场上、擂台上，在同学、行人和观众的尖叫呐喊中，他和对手搏斗着。目光越热闹呐喊越激烈，他就越兴奋。那是漫长的少年时光里最美好的回忆。

2005 年，他从船城东边 25 公里的山村走出来，山路崎岖泥泞，他走了一个多小时，来到通往会理的公路边。那年他 13 岁，与何宗礼、刘亦刚一等少年挤在训练场的宿舍里，只有在比赛季节才能见到齐哥，那是一个严肃神秘的男人。

少年们私下流传他的战绩和视频，充满了崇拜。

错过选材的刘佩同学看到报纸上齐哥手捧冠军杯，心想，这就是他所要的人生。从深山到镇上念初中，他谨小慎微，埋头苦读，还是没法考出更好的成绩。看到报纸时，他决心追随齐哥。整整一年，他每天都在饭桌边上试图说服父亲。最终，在暑假来临的时候，他获得了成功。

他开始整天泡在拳击里。没有手套，只能赤手空拳，血带着皮粘在了沙包上。晚上饿了，就翻过宿舍那扇没有玻璃的大窗户，到地里偷玉米吃。

后来擂台被拆掉了，他们搬到一个院子里，在狭窄空地上练习。空地上有个水龙头，夜深人静时，男孩们才挤到一块冲澡。少年心中都有偶像，泰森、阿里或帕奎奥……周末，他们去饭馆看职业拳击赛，围在一块分析、争论。

2006年齐漠祥成为教练后，他们成天和他待一块，相互依赖。齐漠祥享受这样的简单，可他没有编制也没有工资，县里并不着急帮他解决。两年后，他跑去成都找工作，看到孩子们发来思念和催促的短信，心一软，又回来了。

缪云飞进步很快，他做着拳王的美梦，自由、刺激，明星般闪亮。他也总对父母说，等我当上拳王，就带你们去享受。

他真的认为自己能当上拳王，特别是2010年获得省运会冠军后。县里举行表彰会，他获得了第一笔奖金。

“冠军”这个词给他带来了荣誉感，可村人更在乎的是有多少奖金？这让他很尴尬。到县城念书、练拳击，他一直是同龄人羡慕的对象，他们不是当农民，就是到远方打工去了。因而，200 元的奖金成了他的负担，他觉得说出来，必定大大损害“冠军”尊严。母亲感到失望，“我看那么多练拳的，也没有几个正儿八经找到工作。”

这一年，他和刘亦刚、何宗礼几人去了四川省队。不久，他和刘亦刚都离开了，他不喜欢业余拳击。用他的话说，连出场式都没有。他们回到船城，盘算着毕业后去昆明打职业拳赛，何宗礼则留了下来。道别时，他们相互祝福，一个祝早日成为世界拳王，另一个则愿对方拿奥运冠军。

2011 年年初，缪云飞回到船城，他不再是无忧无虑的少年。他找不到对手，齐漠祥则迫切希望他找到方向。可是，一天中午，他骑车过马路时，撞见缪云飞和他眼中的“坏青年”待在一块。齐漠祥冷冷地说：“原来你成天和这种人混一起，不想练就给我滚。”没等缪云飞反应过来，他已经骑远了。缪云飞满脸火辣。那就滚吧。他去看住院的母亲，提出去昆明训练。听到不仅要交训练费还要自己解决生活时，母亲不高兴了，“有了成绩还要交钱？别练了，练了也没什么前途。”

母亲诉说着烦恼，生病、丈夫打工、家里的猪牛等着喂，诸如此类，又想到儿子不理解自己的苦心，在病床上哭了起来。

缪云飞心情跌至谷底。训练场，他不愿意回了；回家喂猪，更不愿意。他害怕别人的眼神。他躲到厕所大哭一场，然后跑回宿舍，换上训练服。

穿着训练背心的缪云飞跑到工地，顶替了父亲。这是船城的 3 月，阳光已毒辣起来。他连续挖了十天沙子，手都晒裂了，工友让他休息涂药，他一刻都不愿停。

之后，他和齐漠祥告别。他们坐在台阶上，谁也不看谁。如果不是眼前有拍纪录片的摄像机，齐哥准会揍他一顿的，他想。可谁愿意放弃呢？

"中国队加油！"打气声再次响起。擂台上，齐漠祥脱下上衣，比赛就要开始了。缪云飞暗下决心，无论如何，都要去昆明的拳击俱乐部看看。

三

齐漠祥跳动着，努力让自己放松。要挑战的这位对手身材颀长、皮肤光滑，他叫松本章宏，20 岁的日本新人王冠军。新人早已放言，要以 KO 方式战胜齐漠祥，夺取空缺的金腰带。

看起来，单是"年轻"这一项，就给对方增添不少希望。不过，他虽不算年轻，但上百场比赛的经验就是他的优势。20 岁时自己也不赖，国家体育系统里的二号种子选手，正奋力向上攀爬。那是1997年，拿到全运会的入场券后，他随队去朝鲜训练，每天10回合实战，肋骨都打断了，贴上膏药继续打沙包。回国集训一个多月后，他去上海参加全运会，状态不错。半决赛时，他感到对手几乎没击中他，以为是打赢了。结果恰恰相反。他站在擂台上，眼泪哗哗流，他不明白究竟是为什么。

年轻人发起进攻，差点儿就击中齐漠祥。场下爆发猛烈的加油声，“打倒小日本！”有人高喊着。现在，就在家乡，他再也不必委曲求全。他必须速战速决，节约体力，快速将对手KO，就像过去那样。

他已经34岁，肌肉有点儿僵硬，似乎使不出劲，皮肤也显得暗哑。精力充沛的年轻人发起猛攻，他也不示弱，冲了过去，两颗脑袋撞在一起。又一阵叫喊。一记直拳猛击右脸，叫好声潮水般涌来。

对手立即反击，两人扭抱在一块。齐漠祥有些走神，有那么一刹那，他似乎望着什么。这一刹那立刻被逮住，松本章宏左脚迈出一大步，右拳击中齐漠祥面部。齐漠祥倒地，双脚翘起，又迅速站起来。第一回合结束了。

第二回合，他似乎没从突然的击倒中缓过神来。对手连续进攻，他只得采用扭抱策略。直到第三回合，他才愤然发起攻击，击中对手脸部，观众的叫好也随着振作，还有人找到了喇叭喊“中国队加油”。

他要为自己而战。十岁开始练习拳击，他从来都是个能吃苦的拳击手。在省队，他每天从早练到晚，军人般服从。有好几年，他都在控制体重。他总是想起1995年的夏天，在粘湿闷热的广州，他几乎两个月不吃饭，最后水也不喝，训练完穿着控体服，边蒸桑拿边跳绳。

那年夏天以惨败结束，饥饿的他就像一片飘上擂台的树叶，被拨来弄去。他习惯无人关心，也习惯了服从，只反问自己，这点痛苦都挺不过去，怎么成为优秀运动员？有一年生日，他空着肚子控体重，一位师兄走到跟前，塞给他一根雪糕。他偷偷哭了。这是记忆中唯一的温暖。

如今他不必控制体重了，肌肉却失去了弹性。对手很快发起反攻，两人扭抱在一块，又被分开，忽然，一记重拳落在脸上，他打个趔趄，差点儿又挨了一拳。

他像从车祸现场逃出来，眼圈都红了，喘着粗气。稍作休息后，他冲上去，几乎用尽力气。这是最后一搏了。就在上场前，他去父亲坟前上香，烧纸钱，父亲会对他说什么呢？

1997年，十运会的裁判结果让他沮丧了很长一段时间，他提出离开，可命运掌握在领导手里，离开将一无所有。他只得继续往前冲，之后他拿到全国亚军。1999年奥运会选拔赛中，他遭遇东道主，第一轮就被淘汰了。他并不认可裁判结果，整晚愤愤不平，难以入眠，想起过去十多年艰辛，也想着生病的父亲。父亲住院以来，他都投入到冬训中，一直未能见上一面。早晨6点钟，他迫不及待给父亲电话，听到的却是姐夫的声音，父亲已经下葬了。

之后两年，他沮丧抑郁，一心想着解脱。在父亲周年忌日前，他退役了。他去矿上看场，到深圳卖IC卡，之后又去了西藏。过去变得遥远，日子轻飘飘的，没有激情也没了热爱，直到2004年，他偶然接触到职业拳击。

他爱自由自在的拳击，台下千呼万唤，自己就是中心。不过，随着年纪渐长，他开始有点吃力。2006年最后一场比赛，他撑到最后一回合，以点数获胜。之后，他有了去法国训练的机会，临走前又犹豫了，选择回到会理。他并不后悔，法国是一个未知，船城却是稳稳当当的故乡。他过上平静的日子，拳击队的孩子依恋他，崇拜他，在宿舍里贴他曾经的海报。他多想让他们见识真正的拳击。可金腰带呢？青春呢？激情呢？

他撑不下去。他抓住绳子，任对方击打。年轻人一拳拳袭来，头部，肋部，腹部……毫不手软，作为一名拳击手，一切理应如此。那些倒下的拳击手，都将化作自己的金钱、荣誉、战利品。他感觉不到疼痛，只觉得世界安静了，缓慢地将自己笼罩，模糊的人群不断地散去。

裁判拉开了年轻人。他一动不动趴在绳子上。

四

周雪梅愣愣站在原地，眼泪大滴大滴流下来。原以为一切已被安排，齐哥会赢，她也会赢，就像电影里的主人公那样。每当她看到他挨了一拳，心就紧抽一下，听到观众起哄，提前散去，她又感到愤怒。她觉得此前对拳击的想象，全都错了。

她忘了自己是怎么走出场馆的。一年多前，周雪梅还和村里两个小伙伴在学校里戏耍着，齐哥和姐夫就走进来了。他们站在操场上，听到“拳击改变命运”、“学好拳击就是国家的人，学不好就是妈妈的人”，纷纷笑起来。他们不知道什么是“命运”，为什么要改变“命运”。

第一次实战时，她不顾一切往前冲。她是勇敢简单的小姑娘。她喜欢周六的上午，齐哥带着他们去山上散步，他盘坐在石桌上，说拳击是绅士运动，说拳击就像人生。她仔细听着，一句句记在本子上。

日子一去不返了。现在，她要准备两个月后自己的省青少年锦标赛。没有专门的训练场馆，每个晚上，他们都在跑道上练习，有时难免和来运动的市民发生口角。“小心拿钱砸死你们。”她总会想起那个来散步的中年女人。是啊，有钱为什么会来练拳击呢？她暗想。

一年后，她还能清晰地记起这个假期沉郁的训练，衣服如何被鼻血染红，自己被打得满头是包，以及人们的挖苦："都输了，还练什么？""中国人的脸，都被齐漠祥丢光啦。"……

夏日苦涩漫长。两个月后，周雪梅去参加比赛。那是她第一次前往西昌，第一次比赛，第一次戴上护齿。她一点也不习惯，吐了出来，立刻就被判违规扣分。她看到有一个选手也吐了护齿，裁判迅速捡起来，放进包里。他们五人都输了。

太残酷了。她想。看了齐漠祥比赛的老乡也这么说。整个夏天，她都在盘算放弃。她向缪云飞诉说痛苦，缪云飞过得也不好。不过，这个夏天，他被一个信念所占据。他要存一笔钱，到昆明职业拳击俱乐部去。

缪云飞从成都工地动身去了上海。朋友介绍他在 KTV 找到一份保镖工作。他度过无所事事的第一晚，不知道老板是谁，工作是什么。第二晚，他被拉到不知什么的地方，分发到一根棍子，然后一伙人冲着往前打。吓了他一跳。第四天，他就辞职了，干起了搬运，和一群中年男人住在一起。不久，他去应聘"高薪"职位，"大城市机会就是多"，他正想着，一进门就被关起来，只得交了"定金"。

临近过年，他揣着挣到的 6000 多元回成都转车，一名 QQ 好友去接他，把他送到传销点，让他缴纳 7000 元入会费。他佯装兴奋，讨价还价一番，表示回家过完爷爷生日就回来，最终才逃脱了。

缪云飞平静地说起这些，18 岁出门远行，被骗，也骗了人。他凭着本能，应对扑面而来的世界。

过完年，他就动身去了昆明。他计划找到拳击俱乐部后，就一边打拳一边在昆明打工。火车抵达昆明，一切都很陌生。他摇一摇微信，加了当地网友，一番聊天后，对方表示自己是同志，他骗说自己也是。第二天，男人就来找他了，给他租了房，还陪着寻找俱乐部。

两人按着网上的地址，找了三天，无果。打电话问拍纪录片的姐姐，无人接听。后来才知道她去了国外。但在当时，他只感到人走茶凉的心灰意冷，便悄悄离开了昆明。长途火车上，那男人发来短信：希望我是你骗的最后一个人。

五

2012 年春节，齐漠祥去美国看《千锤百炼》首映，大雪纷纷扬扬，他安静地坐在电影院里。比赛画面忽然跳进来了：他站在擂台上。回忆猝然苏醒。过去半年，他失忆了一般，怎么也想不起怎么打的比赛。走在船城的大街小巷，异样的眼光和闲言碎语不断在提醒，比赛真真实实发生过。日子像白纸一天天翻过去，终于翻到了回忆。他哭得没法站起来。

从成都开往会理的火车上，他向我讲述了这一切。许多夜晚，他的梦都笼罩在比赛的氛围中。人群冷漠地散去，自己像是世界的弃儿。“日本人走了，我还留在家乡，家乡跑不掉，”他说，“打了一场比赛，我还是我，世界全变了。”有时他以为自己走出来了，有时又觉得可能永远都出不来。

从台湾领奖归来后，世界又变了一次。不管如何，领导们正式研究起他的编制问题，还表扬他多年来默默无私的奉献。他陪看了一遍又一遍片子，重温了一场又一场比赛，接受了一次又一次祝贺。

从前的徒弟、重庆特警张远雄也回来了。齐漠祥比赛时他去请假，被斥责一番：全城都忙着搜捕周克华呢。他年轻热情，意气风发，敬了一杯又一杯酒，说了一个又一个重庆故事。扭头一看，齐漠祥醉倒了。

把他送到运动场时，孩子们正一排排站在黑暗的冷风中，安静地出拳收拳。跑道边的电灯短路了，齐漠祥一下清醒过来，爬上台阶，咬开电线，重新接上灯泡。孩子们哇地叫起来，又恢复亮堂了。

眼前有不少是新招的队员，十一二岁的模样，怯生生站着。他们就像当年的缪云飞，或是张远雄、何宗礼。只是，他们不再叫齐哥，而是齐叔了。

周四晚上，第一次实战。他们闪闪躲躲，打着打着就摔倒在地上，齐叔在一边怒吼：你们要战胜心中的软弱！

推销汽车的刘亦刚站在一边看着，他白皙帅气，像青春漫画里的人物。他轻声说，有那么几年，他每天都在研究世界拳王们的比赛，他总是觉得，自己和他们打，一定能赢。他从未告诉别人，只幻想着。也说起那时和缪云飞去昆明的计划，终究自己已经18岁，该自力更生了。他去KTV当服务生，生活骤然压来，计划便渐渐淡忘。他曾把放弃的痛苦记录在QQ空间，后来也删掉了。

这个夜晚，周雪梅招架不住对手的进攻，一直退到角落里。她有点儿恍惚。

六

她站在我面前，高高瘦瘦的，我一下就认出还是去年那个对手。我很激动，一紧张就没力气了，我拼命打她的肚子，她就把头抱住。比赛不知不觉结束了，我和她握手，才知道我赢了。我呆呆走下来，听到有人问我要去哪里，一看是齐哥。我左右看一下，眼泪就掉下来，突然觉得很轻松，可心里一下空荡荡的。这是我第二次参加锦标赛。我赢了。我竟没有很高兴。如果这是在齐哥比赛之后那一场该多好。可惜不是。

周雪梅和我走在家乡小路上，讲述过去的一年。这是一个愉悦的周六下午，山间安宁，阳光和煦，小船停在湛蓝的水库边。孩子们并不留恋自然的美好，他们更喜欢看电视、玩游戏、在手机上聊 QQ、写些惆怅的句子。

周雪梅总是想家，回到农村，又迫不及待想到城里去，城里也让她尴尬：只要走上大街，就得花钱。她这么向我概括城市的本质。

母亲是个本分朴实的妇女，她说，钱都花在女儿身上了。女儿也有回报，2011 年在会理举行的锦标赛上，冠军周雪梅拿到 4000 元奖金，这是齐漠祥向朋友拉来的赞助。她一回家就交给了母亲。

这一周，周雪梅除了要 120 元生活费、200 元课本费，还要了 160 元买两条裤子。裤子只被批准了一条，她似乎是生气，或是难过，黑着脸站在院子里，父亲在背后默默看她，母鸡在脚边踱来踱去。

回城汽车拐过村口时，我看见母亲站着目送，坐在车里的周雪梅并不回头。她后来说看到母亲了，她怕眼光交错时又要流泪。过去许多个回城的下午，她都抓着钱，坐在车上默默哭泣，她想维持体面，也知道父亲母亲多不容易。

回到船城，我陪她去逛街。运动休闲品牌都开到了这儿，满街的服饰小店传递着青年们的时尚。

周雪梅看起来很愉悦，她走了一大圈，试了一拨又一拨，最终挑中了一条窄脚裤和青花瓷花纹的鞋子。她抱着它们，满足地回到训练场。仍惦记着家人，“将来我要让他们过上好生活”。

她母亲说，只希望女儿走出他们的命运。她也从不看女儿的比赛，怕心疼。女儿总是打电话诉说痛苦，她安慰说，太累就别勉强了。听到这，女儿就会决然说，我要坚持。

第一次见到周雪梅时，她正在宿舍写拳击笔记，另一个本子贴满体育明星的励志故事。她喜欢张喜燕（中国第一位女拳王），但觉得职业拳击太刺激。有时想走奥运道路，也是漫漫长路。齐哥的比赛后，她觉得一切都变了，齐哥沉默寡言，世事冷酷无情。她对未来忧心忡忡，也不敢投入，要是落得一身伤残，爸妈怎么办？

她经常幻想。自从拍了纪录片后，幻想得最多的是当演员。当她看到纪录片时，发现自己的段落几乎都被删掉，又看到师兄缪云飞放弃拳击，睡在成都乱糟糟的工地上，不免失落起来。

缪云飞也被叫来看片子了。他抱着齐漠祥大哭，并不自怜，只是回忆复苏，原来有过那么美好的时光。他怀念被齐哥唤醒的清晨，绕安静的船城长跑一圈，感觉世界属于自己。

但他害怕电影公映。那记录了母亲在田地里拒绝他的镜头。他理解母亲，“农村谈什么理想呢？”他解释说，母亲也有他人所不知的柔情，怕他伤人，更怕他被伤，念叨着就算有了钱，没了健康又有什么意义。

缪云飞对现实有一种强大的接受力。他似乎不怎么惶恐，仿佛早就洞明，生活就是这样啊。我在西昌见到他时，他独自住在空荡荡的房子里，随时等待老板的指令。他是一名助手，他不知道自己在等待什么。有时，他会去看望兄弟何宗礼，他仍朝着奥运之路奋斗呢。

何宗礼总是紧张，这导致他成绩平平。我和缪云飞一块去看他时，他训练了一整天，满身是汗，还要连夜赶往成都去实战。坐在体育馆台阶上，他们淡淡讲些往事。偶像拳击手米盖尔·库托被打败了，自己依然热爱他；母亲还像过去那样担心，总在电话里问受伤了吗，他也掌握了一套转移话题的搪塞说辞。他不怕受伤，却前所未有地害怕失败。他放弃过，在家乡待了一些日子，最后去找齐漠祥，齐鼓励他不要放弃。他忍不住想，这是漫长而封闭的道路，如若失败，还能适应社会吗？过去是那么热爱拳击，一上场便幻想米盖尔附体，现在他只在乎成败。他分不清，究竟是自己想练，还是自我逼迫的结果……他想不了那么多。他将最后通牒推延到下一场全国比赛，那时他将决定去留。

夜晚很快来临。老人涌进体育馆，扭起舞蹈，热闹的歌声飘荡开来。是时候告别了。他匆匆起身，转眼消失在夜幕中。

（周思婷对本文亦有贡献）

“时尚杂志应该是传递伟大精神的，代表顶级的梦。”

我是苏芒

撰文　季艺

第十一届“芭莎慈善夜”开始的前一天下午，出版人苏芒来到国贸三期二楼的宴会厅，作为创始人，她将在慈善夜上第一个发言，被要求提前来这里排练。

扶梯上到二楼，一辆新款辉腾轿车被摆在红毯起点，任何来参加慈善夜的明星都必须经过这辆汽车才能入场，他们需要在这里与它合影。辉腾在今年是第二次赞助芭莎慈善夜，苏芒将其归结为慈善夜为明星与品牌制造出的亲密关系。“去年李亚鹏和王菲在一起的最后一张照片就是在这辆车前面拍的，”苏芒说，两人离婚后，这张照片在网上大规模传播，所有人在那一刻都看到了他们背后的辉腾汽车。

当苏芒走进国贸三期的宴会厅，她眼前的一切正从无到有被搭建起来。在大厅前方，一个巨大的书形舞台将被作为投影背板播放画面，整个空间被幽蓝高档的光晕渲染，工作人员为此已经工作了两个通宵。当看到这些，苏芒立刻兴奋地全场奔跑，不断地喊，“这个太震撼了！这怎么可能啊？建一个城市啊！你们老板我做事不惜一切代价，我们要干死了！”热情洋溢，动辄兴奋，眼睛闪闪发亮，拥抱着她的工作人员。

芭莎明星慈善夜以名人众多闻名，这些关系大多来自苏芒个人。去年是这个慈善夜创办的第十年，那个夜晚，苏芒决定挑战全新极限——邀请 100 个明星与 100 个模特。

“我那些明星可不是假的，”苏芒忽然认真了起来，他们不但有周杰伦、成龙、章子怡这类娱乐明星，还有马云、张近东等商界人士。

为了吸引王菲，苏芒在那一年特别把自己的善款捐赠给了嫣然天使基金会，华谊、李连杰、成龙等同样拥有名流资源的基金会也得到拨款，这些都保证了芭莎慈善夜的明星质量。

苏芒不愿意谈她与他们的交往细节，“不能告诉你，”她的态度很坚决，“整个交往你得花时间，很多时间，不是你花了两个小时去采访或者花了三个小时去跟踪，我说的时间以好几年来论。”

“苏芒注重各种细节，她每天都在想，这个活动应该是什么样，她想出一个新东西就要立刻实现，这是她这么多年能成功的原因。”徐宁说。2012 年 5 月，芭莎艺术在香港举办了艺术之夜，英国皇家艺术学院、邓文迪等知名人士、机构、香港藏家都会到场。“这个活动在香港，比内地操作难度大得多，同时它的规格又很高。工作人员已经非常辛苦。”

但就在开幕的前几天，苏芒在同一个酒店里参加了另一个晚宴，与艺术之夜更符合国际礼仪的“长桌”不同，这个晚宴使用了“圆桌”。她觉得非常完美，立刻要求团队修改全部方案。当得知改成圆桌需要增加 60 万预算时，市场部的人感到无能无力，不敢自己面对苏芒的他们叫上了徐宁。

苏芒听到后一下子就崩溃了，她指责他们，“你们动不动脑子！我去哪找 60 万，你们什么事都让我想办法，能不能承担点责任？”她突然一下哭出来了。

“我认识她七年，第一次看到她这么哭，她以前都是因为感动，比如讲完某个话，或者慈善夜成功结束时，但这一次我看到她真的是出自一种绝望和无助。”

“事实上没有那么大的问题，她就是这样，对每个细节太注重。她问我，刚才她是不是失态了，我说你确实失态了，她说你告诉我为什么会这样，我说老板如果做这一件事让你这么不开心，你为什么要去做呢，我其实想告诉她，她其实很累，很辛苦。”

但很快，苏芒又回到了她原来的价值观中，在一次中层会上，苏芒跟所有人说徐宁批评了她。

“她不是说我做得不好，而是把这件事当作了一个工作态度，觉得我敢这么去说她，她觉得特别好，她希望每个人都这么做。……我觉得这个世界上真正能吸引她的，就是她要做得比别人好，包括这个晚宴，她当时的崩溃也是因为她可能已经在同一个地点参加过一个晚宴，她能看到我们的东西不如别人好。”徐宁说。

超越

2012 年的慈善夜苏芒筹划了九个月。对于任何一个追求卓越的人而言，邀请一百个明星都让人心生畏惧。8 月 26 日，苦于如何筹办第十一届芭莎慈善夜的苏芒去国家大剧院看了一场王潮歌执导的《印象国乐》。

那时距慈善夜还有一个半月时间，负责这场活动的公关公司已经准备了三四个方案。“这些都不对，我要的是改变，现在没有做到本质上的改变，他们就是把一个方舞台换成长舞台。”苏芒说。

王潮歌是一个擅长用那些宏大景观渲染情感的女性导演，《印象国乐》则来自她对中国民乐演奏者在现代遭到冷落的不平。

这场演出中，王潮歌并没有只是让演员们演奏乐曲，还让他们开口讲述自己的命运。当观众们途经售票口、剧院大厅、长廊、电梯与咖啡厅时，所到之处皆能看到民乐艺术家的表演：管乐演奏家与他的妻子，一个笛子演奏家以音乐向对方告白；二胡演奏家诉说了自己从小学二胡，如何因二胡而安身立命的经历；琵琶演奏家携学生等依次登台表演……以感性的个人化方式，讲述演奏家与音乐之间的真实故事。

42 岁的苏芒出生在济南的一个古筝世家，五岁不到时，苏芒便被逼迫天天弹奏这种乐器，“就跟家长逼弹钢琴一样，它培养了我很大的耐力，但我一直很不喜欢。”苏芒说。15岁那年，因担心偏科严重的女儿考不上大学，苏的母亲通过关系让她比同类人更早尝试高考，“想考一类大学分数又低的就是音乐学院，否则我不可能来到北京。”比起枯燥的乐器，苏芒喜欢的是浪漫主义文学。在大学时，她开始写爱情小说与诗歌，一种“年轻人一听就明白”的爱。

这种对民乐者命运的渲染令苏芒回忆起了自己作为古筝演奏者的遭遇。“你可以去歌厅，可以去夜总会，你可以去看电影，也可以去跟朋友吃饭，为什么来看一场国乐表演呢？其中一个人说他吹笛子已经30年了，另一个人说他下辈子还要吹笛子。”这种迫切的呼吁一下子让苏芒“热泪盈眶”。

当晚朋友圈里，苏芒用一段长长的现代诗式的语言分享了自己的感受：今晚，在国家大剧院，听王潮歌和中央民族乐团创作的《印象国乐》，从五岁开始学古筝的那些似水流年，翻涌而来……我生长在音乐里的前20年，已如隔世之远，箜篌、筝萧、琵琶的琴弦……流泪听琴声，不堪少年！它是那笛箫绵长的悠叹，筝圆浑的悠颤，紧紧的琵琶密密麻麻，我那民乐里的少年……我放弃了你，你却永远在我心里，从没有离去。

相信共鸣并擅长利用这种情感力量符合苏芒一贯与世界或他人的相处方式。苏芒常常把自己做杂志的动力归结为第一次去美国培训与当时 *Cosmopolitan* 的主编见面时的场景，当对方看着她的眼睛告诉她“做杂志是要帮助人”时，苏芒从中获得了力量。“这句话深深刻在我的心里。”苏芒说。也是从那时起，苏对她所从事的事业开始保持惊人持久的勤奋。

GQ 的主编王锋曾是《时尚》的主编，当谈到和苏芒的交往时，他回忆起的是苏芒[illegible]会常常一个人在家夜里看庄子和古诗词，读到泪流满面。

在为《印象国乐》哭泣之后，苏芒[illegible]一周后的一天忽然意识到了这里有她所需要慈善夜达到的情感力量，她应该邀请王潮歌来执导芭莎慈善夜。

就这样，王潮歌在把第十一届芭莎慈善夜的舞台变成了一本翻开的书，整场慈善夜将被分为春夏秋冬四个季节展开，就像一场戏剧，苏芒、李冰冰、成龙、沈南鹏等戏剧中的角色将作为这场舞台剧里的演员登场，以声情并茂的诗朗诵诵念着自己的慈善经历以及与《芭莎》的故事。

而穿着红色礼服的苏芒，则要从一个十米左右高的舞台上，在一群少数山区民族少女的搀扶下第一个走向观众，舞台在这时开始呈现出风雪交加的氛围。

“你们已足够有名，也已经足够成功，为什么现在还牵挂着一些素不相识的人，去帮助一些贫困的人呢？我想那是因为我们大家心里都有一颗慈善的中国心。”苏芒表情真诚热烈，大眼睛闪着兴奋的光亮，雪白的牙齿被精心打理过。

来之前，苏芒在《芭莎》12 月刊拍摄现场绘声绘色地为章子怡描述过这个场景，随后，她朗诵了这段台词。坐在化妆间镜子前，章子怡皱着眉头听完后问苏芒：“我能指导

下你吗？你能不能不所有的调都往上扬，你不能一直往上，要有抑扬顿挫

戏剧与亢奋

全世界奢侈品界都是一个极度戏剧感的地方，苏芒和她的《时尚芭莎》尤是。

作为一本时尚杂志的主编，无数刚来到中国的公关公司想要拜访苏芒，如何让她抽出时间约见则需要运气。其中一家公关公司预先快递来了一个 LOEWE 的手提包，当拎出这个包时，苏芒像一个被哄开心的孩子一样跟助理说：这个可以接见，这个可以接见！

10 月 15 日是苏芒生日的前一天，由于生日当天苏芒要飞往巴黎参加曾梵志的画展，时尚圈的品牌和她的下属决定在这一天为她献上礼物。当她得知正在她的办公楼下拍摄徐克时，苏芒从办公室的花海中拿起一盒玫瑰决定前去探望。

“真是碗大的玫瑰。”苏芒在电梯间里情不自禁地对她的编辑们说。

在堆满了各色甜品和糕点的徐克化妆与换装的房间里，苏芒把鲜花递给了他。

“您这一部 3D 真的更细致了，”她这么评价《狄仁杰 2》，

“我代表我们办公室送您这束花，真的很美丽很美丽！”苏芒说，“让您开心一下！”

“碗大的玫瑰。”她的编辑在一旁立刻补充。

“我很少收到花，尤其是玫瑰花。”徐克有些尴尬。

“我们也这么想的。希望您一切顺利！”苏芒一直保持微笑。

“那我先来试一下，免得到时候进不去。”徐克指了指那些衣服。

“是是是！您在那边休息休息。这束花很美的。那我们上去工作了，我们照个相可以吗？谢谢谢谢！祝您成功！”苏芒说完走出了化妆间。

经过摄影棚时，她看到了地上铺满的样衣，铺满了十几平方米的地板，“好大的卡司！”苏芒再次情不自禁地赞叹。

“你经常会和别人说祝您成功吗？”我问她。“没有啊，刚才实在忘了该说什么了。”与以上的所有对话一样，苏芒不假思索，毫不在乎。

与世界上所有依靠独特性格闻名的时尚杂志女主编一样，苏芒同样擅长制造戏剧效果，这种戏剧效果让人们对她产生向往，乐于讨论她的行为。关于她的这些讨论时而轻浮、拜金，时而充满幽默感、感染力，以及一种让人喜欢的少女般的可爱。

在时尚圈关于苏芒的传闻中，有一则发生在《芭莎》刚刚创刊时。快过年了，一个美术编辑因加班过久，女友在楼下威胁要和他分手。苏芒知道后，立刻把这个女孩叫到自己办公室，不断表示自己的歉意，接着，她打开一柜子的化妆品再次跟她说：真对不起。你想要这些东西吗？随便拿！

苏芒喜欢强调这本杂志和她拥有的一切是她和编辑们共同的梦，那些物质就是最好的证明。当有编辑进入她的办公室时，她常常戏剧性地指着那些化妆品与奢侈品作出保证：这些都是你们的，我为你们而工作。

不过，与安娜·温图尔因优渥而导致的冷漠与疏离不同，苏芒的戏剧感来自于她的兴奋和乐观，擅长与下属缔造一种共同的事业，以及一种为事物赋予迫切意义并让你感受到其真诚的能力。这种乐观就像每一个处在这个正在崛起的发展中国家的人一样。

李冰清曾经是《时尚芭莎》驻上海的编辑，“她当时看我写的一些稿子，”李冰清那时刚从学校毕业，“但当另一本杂志也说要我时，她突然变得很紧张，她那时正在度假，就让编辑部主任一个个电话打过来，问我为什么不来《芭莎》。”

第一次接到苏芒电话时，苏芒用她的方式激励李冰清，她认真地告诉李：从此之后，这本杂志南边的大门就由你来掌管。这个铿锵有力的信任发出时，她们甚至还没有见过面。

“她永远都觉得，人有多大胆、地有多大产，这是她的一个特色。”李冰清说，“不过作为新人，你会因此特别有斗志。”

《时尚芭莎》在2001年创刊，在那一年，苏芒带领她的团队在一个非常狭小的办公室里辛苦工作。当时，*ELLE*、*Cosmopolitan* 已进入中国很多年，作为后来者，他们必须更加努力。

而作为时尚集团的掌门人，刘江把苏芒看作是“单纯、认真、对时尚热爱的，她觉得没有什么不可以改变，特别愿意追求新事物”。刘关于苏芒最清晰的回忆是在《时尚》刚刚创刊时，下班时飘起小雪，“她会跳着走路。”当内部一个师傅邀请大家包饺子的时候，“她的热情马上就会被点燃，又弄馅，又擀皮。她有品位，对好东西充满渴望。”刘江回忆。

1992年，《中国旅游报》的记者刘江和他的同事吴泓辞职创办《时尚》，刘江当时希望把这本杂志做成康泰纳仕集团的 *Vogue*，“那本杂志最好，广告最多。”

大学毕业之后，不喜欢弹古筝的苏芒一心想要从事文学工作。不过，没有一家出版社、报社愿意雇用她，为了留在北京，她只得去了武警文工团。当有人打电话告诉苏芒有一个草创的杂志时，苏芒成了最初加入“时尚”的七个人之一。

在一开始，苏芒并未如她所愿负责内容，而是被安排去拉广告。不过，苏并不认为这是丢人的，“我很自豪，就像一个穷人的孩子要养家糊口那种自豪感，就觉得自己可以承担。”苏芒说。

作为一个销售，苏芒的表现很快让刘江惊讶。“她去国贸，当时有一个品牌的老板在外面，说赶不回来，苏芒就问，你今天会不会回来，得到肯定回答后，她就在那一直等了六个小时，”很快，刘江发现，“我们需要一个房地产的广告，她一去就谈成了，我们需要一个餐厅的广告，她去谈成了，我们需要一个信用卡的广告，她也谈成了。”

不过在27岁那年，勤奋的苏芒还是遇到了第一次职场危机。那一年，她有了孩子，当时，集团承诺她将被提升为*Cosmopolitan*的主编，负责梦寐以求的内容。

“我星期天生孩子，星期五才休息，”苏芒回忆，当她休完三个半月的产假再回来时，她发现自己的办公桌已经没有了。

“她非常厉害，回来以后没发胖，又充满活力地投入工作。但那个时期我们压力非常大，从客户来讲，丢一个都不成，丢一个可能变成亏损，多一个可能就是有微利。我临时让别人做了她做的事，她很失落，我很直接地告诉她，我没办法。”刘江回忆。

《芭莎》创刊的前三年对苏芒而言是最艰难的时期。她那时担任三个职位：主编，广告总监，出版人。“老板让我找广告总监，但我找不到比我更好的，这种情况之下我就想多做一点，我要确定我的杂志最前面的品牌是迪奥或香奈尔，不容马虎。这样一做就做了三年。”

芭莎刚刚创刊时，苏芒有四年的时间一直失眠，“别人会不断地质疑你，各种问题让你就是日思夜想也找不到解决办法，你睡不着。”

那段时间，苏的床头一直放着一个本子，在漫长的失眠的夜里，苏芒不开灯在黑暗中想到什么就不停写出来，直到疲惫不堪睡着为止。

徐宁是《芭莎艺术》的主编，苏芒曾经告诉他自己甚至晚上做梦梦到的都是工作，“而且梦中的工作可以和白天接起来，”徐宁说。“比如说睡觉之前这个工作做到这一步，做梦的过程中，就在梦里继续往前推进，早上起来再往下走。她就像一个很勇猛的猛兽吧，但她不会伤害别人，她眼中没有任何人，就是朝自己的目标去抓动物。”

直到现在，当苏芒认为有人帮助自己找到了解决问题的方式时，她仍会表现出一种夸张的亢奋。

一个朋友提醒她对图片投入过高而对文字投入不足，他建议苏芒，你能找最贵的摄影师，也应该去找刘瑜这种最好的作者。苏芒一下子变得非常振奋，她不断感谢对方，称赞对方是一个非常好的人。这让对方十分惊讶。“很多人当听到别人建议自己什么时，他们都会想很久，但苏芒不会，她会立刻表现出她的亢奋。”苏芒拒绝困惑或停滞不前。

“我觉得如果我不在亢奋状态中，我就不是在最好的状态里，”苏芒说，“我相信如果你的手是握着拳头的时候，你的底气是顶出来的时候，你有爆发力的时候，你有激情的时候，你的灵感也好，你去说服别人的能力……你调动自己一切的能力，高度专注，那个效果特别的好。”

因为太专注，苏芒在采访中表示，她相信自己已经具备一定“法力”。

去年三亚搞活动时，忽然暴雨倾盆，苏芒的员工打电话劝她使用第二套方案吧，苏芒说，没有第二套方案，雨必须停，“然后我就真的趴在地上开始祈祷，用全部的专注力，然后雨了就停了。”苏芒专注地看着我。

还有一次是去年慈善夜十周年，那天橙色警报，到了四点多忽然下起大雨。苏芒想这不行，因为外面全是大电视，几百万的音响。“别笑话我，”苏芒说，“真的是水泥地，我啪就跪下来了，必须要停，一定停，停下来，我在做慈善，十周年，我在做慈善，在做慈善，一直在那里，差不多有二十分钟，等我站起来出去的时候雨就停下来了，”苏芒说。最后很多明星走的时候对苏芒讲，来的人都是怀着善念来的，都是很重要的人，巨大的善意聚在一起，雨就不下了。这让苏芒非常受鼓舞。

《时尚芭莎》成功之后，2008年，苏芒开始了她激进的扩张。在这一年，她要再做一本《芭莎男士》，而在“芭莎”全球一百多年的历史中，从来没有出现过一本男性杂志。

“当时没有一个人同意，不同意？那我不要钱也不要人，赚了钱是公司的，赚不到5000万我什么都不要，先骗着公司让我做。”

在今天，*Harper' s Bazaar* 在中国早已超出了女性时装杂志的范围。除了母刊《时尚芭莎》之外，苏芒还创办《芭莎男士》等其他三本杂志，这些新类型在Bazaar的国际体系里前所未有，这极大改变了既有规则，中国的芭莎成为了版权输出国，在《芭莎艺术》被创造的三年后，全球随后出现了八个版本。

当谈到苏芒身上那种令人印象深刻的亢奋时，刘江把它归结为在不断成功之中人对自己选择方向的认可和信心的加持。“这种兴奋越来越强烈，”刘江说，“做一个事情就这样成了，用这样的方法，再做一个事情又成了，对人的信心，这是一个增强。”

2008年8月，大量品牌因北京奥运会加大广告投放力度，那个月，《时尚芭莎》的广告收入达到了历史新高，2700万，全体员工非常振奋。

在当时芭莎办公室的中央有一个小小的圆形茶几，那是这个空间里所有人的视觉中心。在一个下午，苏芒拿着那本九百多页的杂志，踏着高跟鞋兴师动众地走到茶几前，她把杂志重重地摔在了上面。巨大的声响引得所有人侧目，人们都扭过头等着看她下一步要做什么。

她的身后站着一个已工作近十年的资深员工，两个人就像精心排练过一样，当苏芒把手伸向后面的他时，他从钱包里拿着一张一百元人民币，递给了她。苏芒随意翻到了杂志的一页，拿着这张人民币在上面比划了四下，恰好拼出了一张纸的面积，然后说，“我想印钞机也不过这个水平吧！”

洗脑

9月10日，苏芒的时间表上一共有十项工作，从九点半开始，她要在金融街与Facebook的首席执行官对谈，参加国家会议中心的万达商会，在银泰为芭莎艺术校园行驻场，参加章子怡《非常完美》的首映。当得知章子怡今年无法参加慈善夜时，苏芒又决定晚上去丽兹卡尔顿请求成龙为慈善夜捧场。她在电话里兴奋地和她的同事说，见了大哥什么也不说，我们就喝，先把自己喝死再说！

那一天里，苏芒去的十个地方分别在北京东、西、北三个至少距离一小时车程的地方，苏和她的司机必须严格计算好时间，从一个地方准时离开，再开车准时到达下一个地方。

临近黄昏时，当苏芒又一次准时回到车里的时候，我和她的助理甚至情不自禁地为她鼓起掌来，赞扬她太棒了。苏芒很振奋，让人一下子觉得这一天忽然成了一个竞赛或者游戏，它绝不是现实生活。苏芒想要赢。这种赢让它变成了一场戏剧。

苏芒有着旺盛的斗志、对失败的惧怕以及发展的动力，但她是一个国有企业的职业经理人，她无法用高薪去驱动她的员工和她一样努力。

这其中一个重要的方法便是动用奢侈品界的免费资源。时尚界充斥着大量全球范围内的品牌邀请，很长一段时间，时尚集团的员工需要去外地出差采访名人时，他们往往会先看看各种品牌在当地有没有活动，让编辑使用品牌的酒店和机票参加活动的同时，完成他们的拍摄与报道工作。

“苏芒不会守住自己的资源，这跟其他杂志主编完全不一样，”苏芒的一个编辑说，“苏芒觉得我的资源也是你的资源，但是你要通过这个资源去拿更多的资源，带回给芭莎。你自己在其中拿了什么东西，她可以睁一眼闭一眼。”

时尚集团的这种风格与它的体制有着深刻联系。在刘江离开《中国旅游报》出来创业时，他的集团并没有彻底与这家报纸的从属单位国家旅游局脱离关系，他需要依靠这个国家单位获得刊号上的支持。同时，为了赢得奢侈品广告，刘江通过IDG这家风投公司，又引进了国际品牌的杂志进行版权合作。在中国，刘江几乎代理了所有赫斯特集团的优秀杂志，比如《时尚芭莎》与*Cosmopolitan*、*Esquire*。接着，一种因为利益分配问题导致的严重影响编辑独立性的事实发生了：明码标价的广告大部分都要与旅游局或者投资方进行分配，但还有一种更加灵活、秘密的合作，比如把这些客户的需要植入编辑内容，这些钱就可以直接到自己手上。在这个过程中，编辑独立权也就不可避免地丧失了。

除了利益共享，苏芒还会不断在卷首语和访谈节目中宣传这种工作是全世界最好的：每天都在穿着漂亮的衣服，与明星打交道，拿着品牌的免费机票去全世界住五星级酒店，“还有比这更好的工作吗？”苏芒反问。

为了营造出一种励志效果，她喜欢把时尚比喻为奥林匹克或者体育竞赛，“它的指标就是绝对的，只有一个标准，没有什么中等时尚，第二时尚，这里面没有任何逻辑，就是做到最好。”在整本杂志和她的工作环境中，苏芒都在不遗余力地鼓吹一类“事业就是一切”的女权主义，这种女权主义背后的含义是男性、生活最终都会背叛你，唯有工作不会。

苏芒当然是这种价值观的身体力行者，甚至为了能让这种价值观在员工之间具备巨大感染力，她也直白地对其进行了戏剧化处理。在一档访谈节目中，秦海璐回忆起一次慈善夜，中午她刚好住在晚上举办活动的酒店，当她主动邀请苏芒一起午餐时，让她惊讶的是，苏芒在吃的时候不断感慨，没有你这块牛肉，我估计我没法熬过今天晚上，因为我们不可能再吃饭了，海璐，我会报答你的。要没有你，我就活不下去了。苏芒对秦海璐说。

“对苏芒来说，她确实没有公司化的机制，但年轻人跟她工作久了，很可能离不开她，因为她一直希望你变得更好，所以你会害怕你已经被取消了资格。”徐宁说。

除此之外，苏芒更富中国特色激励性的还有一种亲人式的职场关系以及利益共同体的营造。刚毕业的赵婷婷是苏芒的助理，有一次赵婷婷写一篇编辑选记，写完已经两点钟，发给苏芒时，苏芒立刻回了一句：婷婷写得太好了，进步太大了！“她还要求其他同事发微博说婷婷加油，一起鼓励婷婷。”

10 月 14 日，苏芒要去参加一个青年励志类节目，当她看到采访提纲里面的几个问题时，已经坐在车上的她非常气愤，其中一个问题是：“听说你宁可吃泡面也要买名牌包？”

苏芒认为这些问题并不属实，它们缺乏最基本的调查。她让司机把车停在路边，在电话里，她要求编导修改脚本。“不确认好问题让我上台我会非常尴尬，观众会冷不丁提出这些问题。朴实、执著、勤奋，这些品质在漂亮行业同样需要。”

随后，苏芒叮嘱另一个刚入职的助理要盯紧对方把修改好的提纲发过来。“这个时候要看到问题，解决问题，要勇敢有担当，”苏芒对她说，“你可以成为更棒的人，解决它，我用这个事情锻炼你，你明白了吗？我们是一体的，不用担心你刚刚开始，你还小，我希望你成为更好的人。”

晚饭后，当助理告别时，苏芒在她推门走出包间的那一刻，又对她说：“加油婷婷！你今天表现非常优秀，真的进步了。”“我会越来越好的。”助理认真地点头。

影响力

在名流面前，苏芒绝对主动。她常常把男性名人、富豪称为“哥哥”或“很好很好的朋友”，“我们都是很多很多年很好很好的朋友。”女性名人则被她称为“姐妹”。“冰冰是我的姐妹，”她说，“两个冰冰都是。”而她们则会亲密地称苏芒为“芒芒”。

当谈到苏芒与其他主编对待名人的不同态度时，李冰清讲起一个故事，“现在很多杂志都说要推本土时装力量，但苏芒的做法和其他人都不一样。”邱昊是中国第一个获得羊毛大奖的设计师，当得知邱昊获奖之后，苏芒第一时间跑去上海表达祝贺，更关键的是，她会亲自带着陈鲁豫等明星朋友去他的店里买他的东西。“其他主编更多的会先看，看你发展到什么程度，其实她们的态度还是为什么你不先来找我。”

拍摄时装片需要那些最新单品，但在《芭莎》创刊的年代，时尚品牌并不会把太多非常好的单品放在大陆，它们大多在香港，这就导致在一开始大部分时尚杂志都必须只能拍摄香港艺人，那里有更全面的奢侈品货源。

但苏芒很快改变了这一切。她坚持让大陆明星上时尚杂志的封面，这对中国时尚杂志而言无疑是第一次。在一个品牌资源与明星资源并没有充分交融的时代，苏芒起到了重要的作用，她把明星介绍给品牌高层，促成他们的合作。在这个过程中，苏芒受到了明星们的拥戴。

这种前瞻性造就了苏芒今天的社交奇观。苏芒号称自己是最早看好章子怡和曾梵志的时尚杂志主编。在很早的时候，她便预感到了他们的成功,随后,她和他们成为了亲密的朋友。

同时，苏芒还是第一个敢于让邓文迪上杂志封面的时尚杂志女主编。在 2008 年，邓文迪正准备在中国全面推广 Myspace 时，她的办公室就租在苏芒的楼上。当邓文迪非常不满地控诉张朝阳的搜狐如何以猎奇和反讽的语言描写自己时，苏芒亲自在杂志上撰文肯定了邓文迪的不凡。那一年的慈善夜，邓文迪不但亲自来参加，拍下了全场最贵的一件艺术品，周春芽的《桃花》，还为苏芒带来了英国前首相布莱尔。

《时尚芭莎》以能搞定众多名人封面闻名，不过，苏芒对名人报道的方法也注定无法令她真正赢得尊重。2008 年，当《芭莎男士》猜测李宁将会是点燃火炬的人时，苏芒决定邀请李宁登上 8 月刊的封面，当时李宁已经很久没有接受采访了。为了说服李宁，苏芒想了一个办法，她先让编辑洋洋洒洒地写了一篇通篇赞美李宁的文章发给李宁本人，他们告诉李宁他们将刊登这篇文章，一篇没有对他进行过任何采访和接触的文章，请他对所有采访与拍摄完全放心。

当面对这种来自严肃媒体的质疑时，苏芒聪明地把她的工作归结为美与价值观，她认为媒体的责任可以是多元的。“我们和严肃媒体有什么区别？我们是扬善的，创造美好的，让每一个人从中可以获得正能量，我们是一个创造美的媒体。”苏芒这么解释。

日积月累的名流资源终于在 2008 年得以爆发。在那一年，苏芒通过一个奥运赞助商牵线，她与她的市场部总监景璐每天等在奥组委门口，最终拿到在奥运期间申办活动的资格。“其实这个资格并没什么了不起，但在奥运之前，有一场演唱会发生塌台，上面把这一切都禁止了。”苏芒回忆。

2008 年，这场少有的在奥运期间举办的非官方活动星光熠熠，除了奥组委的官员、众多明星，还有奥运为她带来的邓文迪、布莱尔等国际级名人，他们使得芭莎慈善夜一夜之间为整个中国所知。

随后两年里，苏芒继续把她的活动与国家大事紧密结合在了一起。2009 年，她把慈善夜放在了 60 周年国庆期间长安街一家顶级酒店里，2010 年则在上海世博园内。这三年成为芭莎品牌收获巨大知名度的三年。

“这是她能成功的一个很重要的原因，”芭莎的市场总监景璐说，“她想的不只是这能卖多少钱，而是能产生多大影响力。她不是一个专门做杂志的杂志人，更像一个领袖或政治家。”

专业之外的选择

与所有在中国取得成就的企业家一样，苏芒在创刊初始，便以一个在落后境遇中渴望成功的人的欲望洞悉了中国。

在欧美，时尚杂志的产生与时装设计师、专业模特、时装评论、灵感缪斯等时装工业的相关部分相伴产生，根植于时装工业，时尚杂志起着设计师推荐、时装教育、购买指南，以及潮流上的判断等专业作用。但在 90 年代初的中国，时尚杂志远比时装产业的其他部分更早地登场了。在它们诞生时，中国甚至没有真正的设计师、模特以及规范的时装教育。

在一个时装工业没有确立的时代，苏芒本能地明白，时尚杂志在中国的意义与欧美截然不同。在一个人人渴望富有的发展中国家，这种杂志更多代表的是一种对现代化的梦想或者欲望，一种对浮华生活的期待。

苏芒忠诚于自己的欲望，她更多以这种欲望而不是以时装去理解时尚杂志。因此，在《芭莎》上，你能看到那些在国外时尚杂志上无法看到或者并不重要的气质与内容被刺眼地放大了——它们是励志故事，商界女性，金钱崇拜，甚至是国学。当苏芒决定让更能代表美好生活的明星而不是专业展示服装的超模登上这本杂志的封面时，《芭莎》更多地在中国幻化成为一种价值观的产物。

“刚创刊时，我更多地把《芭莎》理解为一类视觉杂志，但苏芒不同，苏芒则喜欢在精神与价值观的层面去解释它。”《芭莎》的执行主编沙小荔回忆。

正如《纽约时报》所总结，《芭莎》的那些故事真正乐于讲述的是这些女性的“成功”，用苏芒的话说“写的是她们的奋斗，而不止是她们的成就”。2008 年 7 月，邓文迪接受了苏芒的访问并登上杂志封面，苏芒在文章的最后写道：“这就是我们认识的邓文迪，一个丝毫没有被财富惯坏的女人。”2012 年 7 月刊，李冰冰的封面故事中写道：“人生是竞赛，我想赢，我要赢，我要努力做冠军。”

在这个过程中，苏芒也渐渐确立这本杂志拍明星的风格。“我们开始慢慢建立起一些拍明星的特性，就是这个人要很强势，要很有劲、很强势，要很美。”沙小荔说。

刚到《芭莎》时，李冰清的片子总是被毙，一个资深的编辑告诉她，很简单，你只要把人物的头、脖子和腰椎拍在一条直线上，这就过了。“她觉得女人一定要端庄。端庄的标准是什么呢？大礼服、盘头，站姿或者坐姿要笔挺笔挺的，光要非常明亮，非常有富丽堂皇的感觉。”

苏芒第一个真正满意的封面是 2004 年纪念刊的章子怡，“整个人的状态应该是美艳的，但绝不取悦于别人，没笑，不再靠过分的妆容，几乎是靠光、靠人物状态。”那一次，苏芒仔细地跟摄影和化妆沟通，又跟章子怡本人沟通，就连“整个影棚里放的音乐也是有沟通的，”苏芒说，“我们想象的是安娜 · 卡列尼娜。”

“芭莎美学”除了端庄之外还体现一种极端，苏芒喜欢强调“接地气”，而不是一味按照西方的规则，有人把这种极端归结为中国富人阶层的穿戴对苏芒的启发。“有一次，她的时装编辑看到一个温州富婆十个手指戴着十个戒指，她们认为中国富人喜欢这种表达，这很快得到了苏芒的认可，被很好地执行了下去。”一个视觉编辑说。在《芭莎》的美容片里，这种极致与物质更是被表现得淋漓尽致，同时负责珠宝与美容的芭莎美容总监董刚首创把珠宝镶嵌在模特脸上配合妆容的美容大片，它更多展示的是炫耀的美，而非实用性的。

中国版 *Vogue* 则是与《芭莎》截然不同的一本时尚杂志。

除了每年的纪念刊会选择多人构图或者礼服外，中国版 *Vogue* 的封面大多是一个模特穿着一个单一准确的设计站在一个单色背景中，凸显时装和设计本身。而《芭莎》的封面则完全像是一个奢靡的电影或者戏剧，那些女性无一不是穿着晚礼服或者戴满了各种奇观般的修饰物，这种盛装场面根本不会被应用到日常生活之中。

当 *Vogue* 刚刚来到中国时，苏芒曾在杂志卷首语中暗讽这是一本没有价值取向的杂志，她认为时尚杂志应该是传递伟大精神的，代表顶级的梦。她不明白一本只会使用超模作为封面的杂志为什么要称自己是顶级的，那些超模根本不能代表时代精神或者“中国梦”。

不过，自从全球的时尚杂志集团都在积极应对新媒体之后，苏芒的观点或者将被改变。2013 年，康泰纳仕的大部分媒体已经将发行工作交给了亚马逊，而随着亚马逊开始涉足奢侈品电商，时尚杂志将变得更加专业、实际以及强调推荐作用：人们可以直接通过 iPad 上时尚杂志的介绍和链接，在电商上完成购买。在进入中国的八年时间里，伴随着时装业的完善，严格在时装专业规则之内做事的 *Vogue* 利用单纯的背景和明确的设计，教育了中国市场什么是真正的设计。在向实用化转型的过程中，这种被苏芒认为不够炫耀性的做法或许是更专业和更正确的。

价值观是容易过时的

很大程度上，中国消费类杂志能够常胜不衰地依赖已经在欧美逐渐过时的广告模式，创造奇迹，令欧美咋舌，但这种奇迹很大程度上基于中国礼品市场的发达。在 2013 年政府反腐后，这个市场正逐渐削弱，奢侈品将不再如同以往那样还能强势地为时尚杂志投放广告，这都将促使时尚杂志向更实用而不是炫耀财富生活的方向转型。正如苏芒的一个编辑所言，价值观是容易过时的，从业者需要接受这种更务实的转变。

在广告模式式微前，苏芒便一直在想用各种方法摆脱对于这种模式的依赖，她希望进入实业，或者去卖那些更昂贵的东西，而不是一本只有 20 元的杂志。

在《芭莎男士》之后，苏芒创造了《芭莎珠宝》。相比而言，这是一个更加接近产品手册的东西。苏芒相信，“就像男人愿意看汽车杂志一样，女人也应该对珠宝充满向往。”

而更有创造力的是，这本杂志的团队还组建了一个叫作“百媛会”的组织。“她们选择了一百个有购买能力的女性加入这个组织，和苏芒共享她的圈子，百媛会带着这些女性进行购买，实行严格的排名制度与人数控制，如果有人想进入，那么最后一位将被淘汰。”一位重庆时尚发布中心的负责人告诉我们。

不过，这个组织更多也仅仅停留在概念层面。一个在《芭莎珠宝》工作过的人说，事实上，在《芭莎珠宝》成立的三年里，只卖出过屈指可数的珠宝。

除此之外，在 2008 年左右，苏芒还做过两档电视节目，这两档节目的名字同样极具苏芒本人特色，它们叫《芭莎绝对时尚》和《芭莎必须时尚》。这两个节目同样很快悄无声息。

当总结自己的成就时，苏芒说，“我是一个非常努力的人，做事非常注重行动力和效率，非常重要的是把一件事做成的能力，大大超越只停留在那里想象和评估。要勇敢。”

在一个变革的时代，她仍深信她的果敢、直觉和执行力。2012 年，《时尚芭莎》的明星编辑唐宜青前往美国读书，2013 年暑假回来的第二天，她去了苏芒的办公室，苏芒问她的第一个问题就是你在那边学到了什么？唐宜青向苏芒描述了她在那边的见闻，“在美国的校园里，所有人都拿着一个笔记本，没有人拿着杂志看，他们从网络上获取时尚信息。”

“其实我在离开杂志社时的一个初衷，就是我认为新媒体是接下来的一个大趋势和方向，美国的经历证实了我的判断。”唐宜青说。

在一开始，苏芒对唐宜青的判断非常排斥，“她说现在新媒体有盈利的吗？等谁盈利了我赶快去做不就行了。”但半个月后，唐宜青突然接到苏芒的微信。苏芒特别直接地问了唐两个问题：第一是她什么时候毕业回来，第二问她新媒体该怎么做。“我很吃惊，我的第一反应是你不是不做新媒体吗？她说做啊，我没想明白我当然不做，如果我想明白了我当然做。”

再见过两次面后，苏芒带着唐宜青见了时尚集团的总裁刘江，“她特别激动，坐在那儿跟刘总说我们要做一个什么什么事，她让刘总相信她，她做的东西从来没有赔过钱。”一个小时后，刘总同意为唐宜青和苏芒成立一个公司专门做新媒体，唐宜青暂停了她的留学计划，回到时尚公司。

“《芭莎》整个就是一个奇迹发生的地方。”唐宜青说。她至今仍记得第一次去《时尚芭莎》面试的情形，“他们看到我的简历，就跟我说我觉得你特别适合我们《时尚芭莎》，当时没有面试还没有提问题。”同时，看中唐宜青的还有《芭莎男士》，“中午和两本杂志的人一起吃饭，他俩就在饭桌上抢我，要我去他们各自的杂志。这个地方怎么这么奇特？”

让唐宜青做出决定的是在见到苏芒之后。“她那天穿了一个大的V领裙子，半隐半透地看到她的胸，她特别突然特别热情地伸出手来跟我握手说，从今以后我们就是一家人了，荣辱与共。我有些蒙了，我不是来面试的吗，怎么就荣辱与共了？”

“有时候我特别烦她，她特别爱周末或半夜给你发一个关于奋斗的或者创业的微信，当你在休息或者休假时，这会让你很紧张。”

为了逃避，唐宜青选择了留学，“但我在美国待了一年，我发现自己逃不开那个东西。《芭莎》包括苏芒，是一种精神上的吸引力，非常强大，我逃脱不了那个场。”

发展就是硬道理

9月29日，距离芭莎慈善夜还有20天。一辆开往清华大学的奔驰上，苏芒仍在紧张地为自己争取每一个到场嘉宾，她拿起电话拨给俏江南的老板张兰。

“兰姐，我是芒芒。”苏用一种非常温柔尖细的声音说，“我发了短信给您，您没回，我想我等您不生气时再打电话。您了解我的，那两个人我塞不进去。”今年慈善夜上，张兰希望把两个她的朋友安排在自己的旁边，但苏芒的工作人员发现主桌上已经没有足够的位置，她在电话里耐心地和她道歉，“但我不会让他们离您太远，”苏芒保证，“您知道我心细如发，您和我是亲人一样的感情。您自己好好的，我亲亲您。”

这个下午，苏芒的女儿也和她一起坐在这辆车的后座。今晚，苏芒要陪这个 15 岁的小女孩一起去看 Justin Bieber 的演唱会，那是她现在所喜欢的男歌手。

挂掉电话后，疲惫的苏芒拿出那个装有演唱会门票的信封，看到票时，她和她的女儿一下子都兴奋尖叫起来，“妈妈，是第二排！第二排！”

“真的吗？宝贝！太棒了！”苏芒开心地说，“你到时候可以跑到台上，和 Bieber 一起跳舞，妈妈在下面用手机给你拍，传到 YouTube 上你就红了！”

小女孩有点反感，“妈妈，这会毁了我和 Bieber 的事业的！”

“你想出名吗？想出名就要付出，你踩着第一排人的肩一下子就到舞台上了。”苏芒盯着自己的女儿，坚持自己的看法。小女孩说过自己长大想当演员。

“想出名也不能用这种方式。”女孩反驳道。听到这句话，苏芒沉默了。

10 月 10 日，芭莎慈善夜一如既往地隆重、盛大。拍品展示间里，一个珠宝商人正往苏芒的脖子上挂两串自己家的项链，他们希望这款项链能随着苏芒的照片一起在第二天登上各大媒体。第二天，时尚杂志的编辑们就开始讨论苏芒究竟有多少赞助商的产品。“她一共戴了两串项链和四个手镯。”一个女编辑说。

在那个晚上，《印象民乐》的导演王潮歌将苏芒和她一直以来的慈善夜伙伴融入进了一出类似于舞台剧的场景中，他们将伴随音乐在这个舞台剧里扮演他们自己，情绪化地向在座的嘉宾诉说自己这十一年来的慈善故事。当听到两个在芭莎做了十年以上的同事回忆艰难往事时，苏芒泣不成声。

即便转型艰难，但在 2013 年 10 月，《时尚芭莎》纪念刊的广告量还是超过 4000 万，创造了新的纪录。

因业绩优秀，在 Bazaar 的全球表彰大会上，赫斯特集团国际杂志总裁兼 CEO 邓肯要求苏芒第一个上台发言。他希望她能为全部 Bazaar 主编介绍自己的成功经验。

即便传统媒体危机重重，面对台下那些衣着光鲜的时尚女魔头们，苏芒还是没有讲任何实质性的策略与观点。但和以往一样，她用她的热情、自信与积极的态度把一句中国名言当作主题分享给了女魔头们：发展才是硬道理。

她告诉她们，这句名言来自她的祖国，一个社会主义国家的领袖邓小平。

与所有在中国取得成就的企业家一样，苏芒在创刊初始，便以一个在落后境遇中渴望成功的人的欲望洞悉了中国。

随笔

可怜的写作者，始终都得在自我卖弄与自我打击之间取得一个危险的平衡。

写作五则

撰文 阿乙

诗人北岛

因为年龄的距离，我显得拘谨。2011 年 8 月某个傍晚，当我和北岛同行，我始终关注自己走路的分寸。我应该走在右边稍后，随时保持倾听的姿态。我们没办法敞开聊，我注意到他走路的平衡感并不好。

我们在一家酒吧的天台喝酒。我说我喜欢这句：

仅仅一瞬间
金色的琉璃瓦房檐
在黑暗中翘起
像船头闯进我的窗户

我喜欢这个细节，后来当我结婚时，北岛将这句诗抄写下来，托人带给我，作为给我的新婚礼物。我保持着聆听的姿态，有时斗胆说一些自己的看法。我性格里有着这种固执的退缩感。在这个夜晚，我是和过去定义中的文学，和它的使者坐在一起。有时他会抬头看暮色中鬼火一般烧遍全城的灯光，车辆从楼宇间的大道疾驰而去。这是十年后他再次回到故乡，他的故乡已经被大规模修改，他当然能感受到这个舞台已和他没有任何关系。

在那个傍晚，北岛说，时间还早，他还可以规划 20 年。后来，在 2012 春季号的《今天》杂志上，我们看到他长诗的第一部分，这期杂志还出现了李陀、格非的小说，欧阳江河、翟永明、西川的长诗、组诗，刘禾的长篇随笔。似乎是约着一起振作。这期的专辑就叫“飘风特辑”。这首名为《歧路行》的长诗，北岛暂时只写了十节（包括序曲），其格调让人想起80年代他被广泛流传的几首诗：《回答》、《宣告》、《结局或开始》。比如第一节的：

逝去的是大海返回的是泡沫
逝去的是一江春水返回的是空空河床
逝去的是晴空返回的是响箭
逝去的是种子返回的是流水账
逝去的是树返回的是柴
……

指责也正来自于此，有人认为这是拾旧。《回答》等诗（想一想：卑鄙是卑鄙者的通行证，高尚是高尚者的墓志铭）决定了北岛的声名，然而在后来，对这种写法进行反省的也包括他自己。我很难相信他会去盗取过去的自己，而应该相信的是，他是在重新萃取。建造长诗有如建造大厦，它的思辨企图决定了它的腔调、节奏、语言和材质。而非相反。当北岛重新站起来，试图成为那个手执长矛的理想主义者时，他不能不去往日的血液中寻找力量感，他的雄心需要在一种慷慨激昂的站立姿态中完成，而不应该是蜷缩在语言游戏那暖烘烘的状态里。我相信这是他深思熟虑后的抉择。他需要力量，然而他也在时刻警惕诗句的标语化或口号化，他一定是在拿捏这个分寸。他背负了风险，但现在看起来完成得很好。我重新在这个温水煮青蛙的世界里听见孤独单纯的喊声，虽然它已经和这个时代格格不入。只要一打开电视或网络，这样的声音便被挤得没了踪影。

北岛还在办《今天》杂志。它不承接任何收买：无论是来自外在的，还是来自自己短小趣味的。它曾保持愤怒与敌意，然而又慢慢超然于这愤怒与敌意，使自己不受其绑架。就像北岛本人一样，《今天》代表着过去定义过的文学，代表纯文学。现在，版税和奖金，作为欲望的使者造访了每位作者。它就像是工作队长，挨家挨户地造访，语重心长，循循善诱，努力消除对方的羞愧感。一些人成为使者的使者，加入游说的队伍。与此相对应的是文学的边界被无限拉伸，文学的定义也越来越宽泛。文学所赋予人创造、创世的意义被洇开了，文学变得越来越有适应性，人也变得越来越有适应性。太多曾经心怀理想的作家，如今脸上长满政客、混混儿和小生意人的欲望，或者至少长着听之任之的懈怠。他们在重新定性的文学（它和娱乐、财经、体育等并列在一起，排位靠后）里改头换面地演出。我几乎是从这重新定义过的文学里出发，从一开始便面临选择：我应不应该去做一名电视剧作者、一名畅销书作者、一名软文作者、一名研究刊物发表规律的作者、一名收益有预见的作者？也许应该感谢我在这方面的能力很差，或者说，实践的收益很差，我反而有时间来思考自己和文学的关系。我想最终，我是它的仆人。

2010 年春节，非常意外，我接到北岛的电话。在此之前，我只知道我的文章被推荐到他那里去了。当时我在姑妈家拜年，我拿着手机穿越猪圈、污流，向着山坡那信号越来越好的地方走，整个人处在一种类似于被镇压的惶恐中，谨小慎微地接话。在三四十分钟的聊天里，我除开听见北岛的交代（他担心一个刚有点可能性的作者被诡异莫名的圈子席卷进去，在酒肉中永远地消失），剩下的什么也没听好。我只是去分辨他的声音。他的电话就像大雪中驰来的信使，让我振奋至今。随后，我在 2010 年春季号的《今天》杂志发表四则短篇小说。后来我写得最长的小说《猫和老鼠》以及一组短篇也在此发表。

当我挂掉电话，面对萦着烟气的湿漉山脉，静止的时空，并同时转身走回到炭火旁的茶桌（在那里，我几十分钟前放下的一副牌还在那里）时，感觉这是一个奇妙而不可思议的时刻。是啊，这是一个奇妙的时刻。一个人一生中很难碰见一次。我想，我在完全的孤独状态里和什么挂上钩了。

2011 年 8 月，我怀着见北岛的强烈愿望，去了 798 艺术区欧阳江河书法展。当我看见他走进去时，我就想到是这个人。就像叙利亚辩士和作家琉善所说的，在一次梦中，他见到“文化”，后者应允他：“一旦你去法国，即便在异域你也不会默默无闻或无人知晓，因为我会赋予你身份标志，谁看到你都会碰一碰邻居的肩膀，然后用手指指着你说：就是那个人！”（见《卡瓦菲斯诗集》，黄灿然译，重庆大学出版社，2012 年）他高而清瘦，穿着干净、普通，短发，戴着眼镜，和生人熟人礼貌地交谈，语调沉缓。他不是傲慢的狮子，翻着眼白的大鸟，或者任何人的谄媚者。他的外在简洁，眼神对人真诚。他符合我心里诗人的模样：与世界没有刻意的关系，既不刻意利用它，也不刻意迎合它，同时更不会无端地嘲讽。他简省地来到这个社交场合，很快被辨识出来。我们总是能一眼看出谁是单纯的人，谁不是。我们应该保持这种直觉。

我一直看着他，直到他走出来，然后我们见面了。后来我们走在一起，去一间酒吧。2012 年我听说北岛先生患重病。因此我想起在那段同行的路途中，我觉察过他偶有的踉跄。我想这种平衡感的缺失可能是一种先兆。后来北岛回过内地数次，是去广西看大夫。在电话里他以极为信任的姿态称赞那位中医。沉重的疾病使人脆弱。我感到忧伤，是因为想到一个场景：一个人雄心勃勃地准备再度出门，这时进来一个野蛮人，拍着他的肩膀，说：“先别走，我们来谈谈吧。”使人深受重挫，莫过如此。

死期

有次做梦，我听见姐姐说：“父亲晚上 7 点死。”但是我手头有事，我示意给她看，她看了我一眼，眼光既有责备又有体谅。醒来后，我像吃了苦药，嘴里干涩，写了一篇极小的文章。我觉得自己发现了人的一个秘密机能，就是能宣布自己的死期。最近重读《百年孤独》，才知阿玛兰妲早这么干了。有一天，阿玛兰妲告诉大家她晚上就要去另一个世界，可以帮助大家带信给死去的亲人。因此从早到晚他们家门庭若市，她也生机勃勃。但是到点后，这位给自己织了很久裹尸布的老处女果然仙逝。因此我想，在第一遍读《百年孤独》时，这个故事就印进我的脑子里，它后来催生出一个梦。

有一天我想，那些赴死的烈士之所以高喊口号，是因为羞耻。他实在忍受不了当众死亡所带来的羞耻。我以为这是顿悟，今天在重读《超越爱情的永恒之死》时看到这一句，觉得它又有了源头：除了医生，还没人知道他的生命快要结束了。因为他已经决定不让生活变样，不让任何其他人知道这个秘密。这倒不是出自他的高傲，而是因为他感到害羞。

就在几天前，我在咖啡馆气喘吁吁，感觉有什么事就要来了。我几次试图平静下自己，努力看着对面健谈者的唇齿，但是我发现那样没用。最终我扶着桌面，极其抱歉地请求道："我想回家。"我打的从北城奔回南城孤零零的房子。躺在床上。然后那要来的、仿佛紧急的事情慢慢撤退了。

每次当我孤独地待在这东西通透、格局固定的房间，当我和自己慢慢坐进黑夜，我可能会想到一个仓皇的局面，便是我一个人悄悄死了。在身边没有一个可以抚摩额头的人。有时我会有意识凑向集体，诸如去澡堂洗澡，或者去和朋友吃饭喝茶，但是当那不祥的预感神经性地袭来时，我感到前所未有的羞耻，像只兔子甩开他们，狂奔回自己寂静的住宅。我实在没有办法克制这种胆小如鼠。

有一天我在和朋友讲起这种事时，说："也许它们未来会成为一种写作的材料。"每次碰到不幸的事，我都这样劝服自己。这样你便不需要专程去养老院寻找濒死的老人，或者去麻风病区寻找孤苦无告的人。我掩耳盗铃、讳疾忌医。有时我赤裸着上身，双手叉腰，对着镜中的自己呼喊硬汉。但很快便溃败下来。在几年前我还是一名无所顾忌的年轻人，根本不在乎什么伤痛，但是仅仅一夜，寥寥数语，我便彻底变成一个惊惧之人。

在还有半年零十一天可活的参议员奥内希莫·桑切斯眼里，年轻女郎劳拉·法利拉的"皮肤光洁、平滑，颜色像新开采出来的石油，在灯光下熠熠闪亮。她的头发披在肩上，仿佛一匹小母马的鬃毛。她的两只眼睛比光还亮，还明”。与之相对应的是桑切斯的自审——“请记住，可能是你，也可能是其他什么人，很快就将死去；你们死去之后，便从这个世界上彻底地消失了，连名字都不会留下。”

我在街头看见头发浓密的少女也会心惊。浓密头发是生生不息、狂放、无所顾忌的标记，仿佛能闻到她接近本能的挥霍气息。狮子般咄咄逼人的瞳仁，还有挂在后肩的健康汗珠，都像遥远天边的景象，深深刺痛这些嘶嘶作响的衰竭灵魂。如马尔克斯所写，死神对人的侵蚀远远超过他自己的估计。

我想到死亡总是站在一个合适的地方。我根本没办法丈量自己与它的距离。我的父亲也丈量不了，但我们知道它一定会来。自从知道这点，我走路就开始喘气。

降落

深渊一般，无法穿透的蓝

过于透明、灿烂、接近毁坏眼睛的蓝

让人心慌的蓝

飞机在靠近地面

白云在山野投下阴影
主在情绪饱满的年轻教师身上
投下安静的补丁

小说的合法性

无论在哪种印刷品里，小字排版都比大字好看。出于保护视力的目的，我在电脑上写作时，惯用五号宋体字。而只要写不下去，便将已写部分设定为小五号字，就是想依靠那小字的柔和、美观与集体感告诉自己，它看起来还不错。小字会遮掩败笔对自己的刺激，有时楷体字也会。在洋洋万字的宋体字里出现一段楷体字，简直是广袤沙漠里出现一块绿洲。大字则在尽情放大你的失误。没人愿意老是被自己的文字掌掴。

因为害怕再次从最后一个字删到第一个字，我后来每写五六千字就发自己邮箱一份，标注存档。写作者就是每天和自己较量，一个他说：这都写的是什么玩意儿。另一个他被羞辱得不行，小声说：你看，至少在这里，这一段或这几句还是展现出近乎名著的风姿。他们每天纠缠于一块鸡肋。有时我唯一盼望的是结束它。就像一名战士盼望战争结束，一名修理工盼望修理结束。写长一点的东西，就像一名满身油污的修理工躺在汽车底下拿着手电与钳子不停查看，外边是旷野，寒星，叫天地不应，孤独而丧气。

小说写作有一个重大的追求,便是传奇。强调突转、发现、意外、神奇、魔幻、刺激。或者说这是魔鬼的引诱，是一种陋习，就像生活中忍不住要吹牛逼。我小说的方方面面都感染这种习气——你总是想看到对方惊诧的回应。这种回应有时是你存在的合理依据。但是传奇总是与合法性不和。就像两兄弟，一个潇洒、轻佻、自由自在，而另一个正直、严肃、不近情面，后者总是适时提醒前者的疮疤，让前者难堪。有时面对一个我自己都不相信的段落，我会向自己抗辩：这可是生活中已经出现过的事情。

但亚里士多德告诉我们，不可能发生但却可信的事比可能发生但却不可信的事更为可取。那个兄弟冷冰冰地回答道。

如果以宽泛的角度看，所有文艺作品都有传奇的欲望。只要存在虚构,就存在这撒旦。因为这是作者与读者的契约。这是一份根本无法摆脱的订单。我昨夜就像被什么东西纠缠着，还一下不知是什么让你不得安生，迟迟不能入睡。后来在梦中遇到审判。一个长得像老师一样的模糊身影对我说：注意,你写的是朝天放枪。因此今晨起来我将那句话——“蓝烟像粉尘从枪口撒出来”改为“蓝烟像粉尘从枪口喷出来”。只有水平直射，烟雾才像面粉一样猛然撒出来。这并不是一个好的形容，但它至少避免了穿帮。以前也有一次纠结，我要呈现一个律师的聪慧，因此将他的话，“一个体重六十二公斤的青年男子，在面对手无寸铁的只有三十九公斤的被害人时，怎么可能会强奸未遂？”改为“一个体重一百二十四斤的青年男子，在面对手无寸铁的只有三十九公斤的被害人时，怎么可能会强奸未遂？”有好几天我高兴得不得了，认为制造数据之间的落差会渲染出一种效果，就像“两块五一斤”与“十元四斤”的效果不一样。但是同样是在那甜蜜蜜的自赏中，我看到耻笑。几天后，我将这句话改回去。因为，一个律师固然在生活中会这样表演，但在小说中就存在是否合法的危机，他可能给自己带来被动。我想他是行事深思熟虑的人，不会说这样不妥的话。因为只要公诉人站起来说，别玩这把戏了，一百二十四斤不就是六十二公斤吗，他的品格就会遭到怀疑，往下他排山倒海的演说也将受到影响——我可不想让他披上狡诈的外衣作这段演说。

有时我不得不绞杀这些自以为是的聪明。

甚至可以说，一个像这样可怜的写作者，始终都得在自我卖弄与自我打击之间取得一个危险的平衡。也许有一天，当我放下包袱，以佛教一般的诚心去写，就不会有这些困扰了。但是，至少是现在，我在提醒自己，只要是虚构，就会存在被人揪出是说谎的危险，必须承受这苦行，你并不是巴别尔、陀思妥耶夫斯基，简直只需要从自己大把的经历里择取一点写就可以了。你暂时还不是他们，或者永远不是。

我在写作中时常遭受的痛苦就是这个。我常在某一时刻懊丧，觉得一切都不合法，创造的不过是泥沙铸就的城堡或者见热就化的雪人。有时我对自己热爱的作家也会极尽挑剔。我承认《平凡的世界》是汉语世界里罕见的大推土机、大规模式写作，有一种接近失传的俄罗斯式写作野心，但同时我也憎恶他让农民子弟孙少平与县领导的女儿晓霞上演纯洁的恋爱。我相信在中国大地上，一定有这样的伉俪，一定有这样的故事，但从普遍性与合法性考虑，我觉得农民子弟攀附县领导女儿的故事会显得更真实可信。虽然这样直说会让人不舒服。我觉得路遥表达的只是一种卑微而美好的愿望，是一种梦，类似于民间流传的牛郎织女的故事，是一种意愿，有可能就是意淫。我认为是白话文最杰出作家之一的余华，也在长篇《兄弟》中显出败笔，他写一个男人隆胸，虽然在生活中可能有这样的事发生，但是呈现在小说文本里，却极为怪异、突兀。虽然小说的目的就是要写社会的荒诞，但这样的怪诞行为发生在一个老实的男人身上而不是一个本身品性就很怪异的人身上，着实让人想不通。

就我认为，汉语短篇小说里，传奇与合法性，震撼与合情合理，既让我们觉得像噩梦一样不真实，又觉得它真实得就像刚在窗外发生的作品，是余华的《现实一种》与刘庆邦的《神木》。两篇堪为神作。

明显的错误就像是脑袋上长的瘤一样醒目，我们没办法总是遮掩它走过街市。而我大多的痛苦都纠缠在此。一位写作者凭空建立一个世界，第一步是取悦，紧接而来的便是取信。有时，这种质疑就像四面八方的风吹着写作的破庙。

很多年前，我不知道小仲马为什么在《茶花女》的开头如此絮叨：因此，我请读者相信这个故事的真实性，故事中所有的人物，除女主人公以外，至今尚在人世。此外，我记录在这里的大部分事实，在巴黎还有其他的见证人；如果光靠我说还不足为凭的话，他们也可以为我出面证实。

后来我懂了。一名叙述者，不是你想说就能说的。写作者在设定叙述人时，一定要让他具有那种在场或参入的条件，一定要让他具备知晓的资格。否则还不如采用上帝视角。虽然来自受限者的讲述天然要比全知的上帝视觉更可信。

这是我最早接受的合法性教育。

自我训诫课

昨夜好像来了一点激情，一气写了三千字。那是关于一个丑闻的描写。然后上床睡觉，睡不着。那文字中的不妥感像癌细胞，慢慢长大，最后让我觉得百无一用。半年前我就想清楚了一个问题："对一个习惯于写作的人来说，重要的不是写什么，而是不写什么"。可现在我又在采取一种极其错误的方式写。我在写的时候，就像一个可耻的孔雀，轻佻、取悦，尽量在展示自己。我感到可耻。

这可能跟这些天接受过一些采访有关系。我一辈子没接受过采访，这次四个面访的都是女子。长得都好看。因此我夸夸其谈。就好像不是对方在采访我，而是我在向对方倾诉。或者说是一种展示。有时为了让话语显得更有效果，更容易征服到对方，我会在讲述过程中修饰一些事情，使它成为便于传奇的东西，而不是事实本身。我能感觉到对方眼神里放射出的鼓励光芒，这就像一个相声演员看见台下的鼓掌。他会记得那让人鼓掌、发笑的方式，而屡次走向这一轻便的河流。他掌握了技巧。

我掌握了对读者进行心理暗示（或者说心理按摩）的技巧，但我远离了那神圣的书桌。远离了加缪、陀思妥耶夫斯基、卡夫卡这些先师为之矜持的东西。我感到自己下贱不堪。因此我在失眠当中决定停止继续写这篇不妥的文章。

——不是它的内容不妥。

——而是一种可憎的、孔雀开屏的讲述方式不妥。我决定将这个线索留着，如果我焦躁不堪，最近也许会重写。但是我决定站在那主人公身边，体察他那恐惧的内心，而不是将他拎出来，作为一个取悦于他人的礼物。我想让他变得不那么远离。

我写了很多个故事、很多篇小说，但是能让我感到像石头一样扎实的只有几篇。剩下的带给自己的是耻辱。我写过三个怪异的故事，《火星》、《狐仙》、《春天》，它们都是在内心献给人的，采用的是蛊惑对方的方式，因此它们轻佻。《巴赫》几乎是最痛恨的东西，因为在这个题材里，这种写法几乎是所有方式里最愚蠢的一种，我当时走的是阿利桑德罗·巴里科的路线，我给主人公起的名字叫巴礼柯。而这个意大利作家除开能带给人一种小资般的廉价忧伤，什么也不能带来。

我无法原谅像《两生》、《翡翠椅子》这样的作品。它们油滑。不堪一击。

有一天我读了余华的《兄弟》，感到对这个作家的迷信动摇。这部作品砸伤的不是自己，还有他此前所有的作品。我开始看到《活着》和《许三观卖血记》里暗藏的投降之河。与其说是余华在宣扬一种老庄的生活忍耐力与超脱感，不如说是他在寻找一种蛊惑读者的方式。甚至这堕落还直接撼动了他在成大名之前写的《现实一种》。《现》是一部神作，但是最后一段纯属狗尾续貂，那油滑、乖张而卖弄的描写表现了一个作家对自己作品的恋恋不舍。他没有刹住这个车，也许他以后一直也没刹住这个车，他一路滑向那些对一个读者来说比较好但是对作者来说是耻辱的境地。

因此，我看到的余华之河，是一条堕落之河，他逐渐取消了自己的神圣。

我要学会去维护那神圣感。可能以后不要老没事就在文字里自嘲。或者说是为了达到某一种效果而背叛自己。是则是，非则非，努力甩开那些隐藏读者对自己的影响。他们从来都是好发言、瞎指挥。他们会经常对我这样一个基本阴暗定性的作者提出无理要求：你怎么就不能写点温暖的东西呢?

他们总是用一种群体的无形力量控制着作者的大脑。我想做那个潘家园的卖书人。有一天我在潘家园碰见一个卖旧书的，当我挑好一本书，将钱抛下去时，他捡起来，将找的钱也抛下来。让我去捡。我当然可以不买他的书。但是我在想，为什么我就比对方多一点权力呢?我付费，他付书。无非是对等交换。他没必要躬下身子来给你掸掸灰尘。

我在努力克制心中这个群体的影子。我不教给别人什么，也不想别人教给我什么。重要的是不写什么，而不是写什么。重要的是克制，是做减法，去除那些花枝招展的东西，保留人的基本含义，而不是四处兜售一个正确的自己，一个在道德和智慧上所向披靡的自己。重要的不是诺兰、博尔赫斯，而是加缪、陀思妥耶夫斯基。不是魔术师。

重要的是自己知道自己的大多数作品最终会下沉到一无所有。因此不去维护它，不去建立自尊。也不必为此接受别人的礼赞。

“我们——我不知道怎么回事——是双重的自己，所以我们不相信自己相信的，我们也不能避免自己所谴责的行为。”

——蒙田

隐秘的奥登

撰文 爱德华·曼德森

翻译 彭颖

W. H. 奥登的生活有着不为人知的一面，连他最亲近的朋友也知之甚少。而他这秘密的一面是慷慨而令人尊敬的。奥登隐瞒这一切不让人知道，是因为他不想因此而受到称赞。

我得知这一切纯属偶然，所以事情可能比我或任何人了解得要更加宽泛。在一次聚会上我遇到一个女人，她属于纽约包里街圣马克教堂圣公会教会，奥登在 1950 年代也参加了这个教会。她告诉我，当时奥登听说同教会的一个老妇为噩梦所扰不能成眠，他就带了一条毯子睡在老妇公寓外的门廊上，直到她再次感到安全才离开。

也有人回忆说奥登曾得知一位朋友需要做手术而无力负担。奥登就请这朋友来吃饭，绝口不提手术的事，但当朋友要离开时他说道："我想把这个给你。"他递给朋友一个大笔记本，其中是《焦虑的时代》的手稿。得克萨斯大学买下了这本笔记本，而那个朋友也拿钱顺利做了手术。

在奥登的手稿中我发现几封信件，从中得知在二战结束几年后他通过一个欧洲救援机构为两个孤儿支付中小学和大学的费用，而这项安排一直延续了下去，后来又与新的孤儿结对，直到他 1973 年 66 岁时去世为止。

有时他办事的方式看似自私，而其实做的是无私之事。当他和切斯特 · 卡尔曼（Chester Kallman）一起为 NBC 电台正在制作的《魔笛》广播剧翻译歌词时，他冲进制片人办公室要求立即付钱，而不是按合同中的指定日期支付。他就这么令人难堪地一直等在那儿，直到拿到支票。几个星期之后，取消的支票返回到 NBC，有人注意到后面的签字，"支付多萝西 · 黛（Dorothy Day）的订单。"纽约市消防局最近命令黛为其管理的天主教工人运动的收容所支付昂贵的维修费用，而如果她拿不出钱，收容所就将被关闭。

在文学聚会上他避开“荒凉与伟大，与名流的对话”（如他在一首诗中所述），去关注房间中最不重要的人物。去年一位伦敦《泰晤士报》的专业写信人回想起这样一件事：

60 年前我的英语老师把我从省级文法学校带到伦敦参加一个文学研讨会。我们到达后她自然就去找朋友们了，留下我一个人。我笨嘴笨舌又不善交际，完全不知所措。奥登肯定感觉到了，因为他靠近我并对我说：“这儿的每个人都像你一样紧张，但他们只是虚张声势罢了，你也必须学会虚张声势。”

晚年时，奥登写的自我揭示的诗歌和散文，将自己描述成一个孤立怀旧的形象，似乎仍然活在想象中爱德华时代的童年。他的“老者打油诗”（Doggerel by a Senior Citizen）这样开头：“1969 年我们的地球 / 不是我能称作自己的星球，”然后继续对现代社会不满的抱怨：“我无法确定哪个更糟，反小说或是自由诗。”他完成这首诗一年后，我偶然看到一位年轻诗人 N. J. Loftis 的第一本书《流放与航行》。这本书的一部分是自由诗的形式；很大一部分提到了哈莱姆和非洲；作者的族裔忠诚也从其出版商“黑市出版社”的名字可见一斑。而这本书是献给:“我的第一个朋友,W. H. 奥登。”

几年以后，我接到一个加拿大窃贼的电话，他告诉我，他在一个监狱图书馆读到奥登的诗，并开始与奥登长时间的信件往来。在这些信件中，奥登给他上了一个非正式的文学课程。尤其高兴的是，奥登让他从卡夫卡开始阅读。奥登同样帮助一些无名的年轻诗人，对这些诗人寄给他的诗，他在技巧上如形容词和跨行连续等方面提供详细的帮助。

当他不得不坚守一些文学或道德原则时，他并非是为了引人注目，他对像罗伯特 · 洛威尔（Robert Lowell）这样的作家颇不耐烦，因为他们的政治抗议在他看来更多的是以自我为中心而成效甚微。当他在 1967 年获得国家文学奖章时，他既不愿意在处于越战中的林登 · 约翰逊的白宫领奖，也不像卡尔 · 洛威尔（Cal Lowell）一样当众拒绝，他把仪式安排在史密森尼博物馆，并在那做了一场关于政治与宣传中腐蚀性语言的受奖演讲。

奥登总是很专业地处理与编辑和出版商之间的事务，毫无怨言地重写整篇文章——除了至少两次，他宁可默默牺牲名利，也不愿扭曲自己的信仰。1964 年，他为达格 · 哈马舍尔德（Dag Hammarskjöld）死后出版的作品《标记》的翻译(与 Leif Sjöberg 合翻)写了一篇序言,提到作者的“自恋式的自我陶醉”并无形地影射作者是同性恋，奥登把这完全视为作者内心世界而并不有所行动：

“肉中刺”说明他从不希望亲身体验对绝大多数人来说的所谓平凡生活的两大乐趣，要么激情投入得到回报，要么一生幸福的婚姻。

他还提到哈马舍尔德内心救世主般的牺牲使命，这似乎是因为他年少成名，而革命左翼诗人的名声诱使他陷入自认为的救世主幻想。

在哈马舍尔德之后，奥登曾被提名诺贝尔奖候选人，公众预期他将在 1964 年获奖。哈马舍尔德的遗嘱执行人和朋友看到奥登手稿不久之后，一位瑞典外交官来拜访他并暗示如果手稿以当前形式出版，瑞典文学院将不会满意，他建议奥登修改手稿。奥登无视这次暗示，也似乎只有在同一天和他朋友林肯·科斯腾（Lincon Kirstein）吃晚餐时提了一下这件事：“诺贝尔奖要溜走了。”那年诺贝尔奖颁给了让·保罗·萨特，而萨特拒绝了这个奖项。

两年后，《生活》杂志以一万美元向他邀稿一篇关于罗马衰落的文章，这是由许多作者创作的一个系列《罗马人》的最后一篇。奥登的手稿以他对两个帝国衰落的反思作结：

我认为我们的社会，我们并不单指美国或欧洲，包括全世界的科技文明，不论官方声称的资本主义、社会主义或共产主义，都被一种感觉困扰着，那就是我们的社会将被分崩离析，或者可以说应该分崩离析。

编辑拒绝在美式和平的时代用这样的文字折磨他们爱国主义的大众读者市场，于是要求奥登重写。明知文章会被弃用，自己也将分文不得，他还是拒绝修改。学者们多年前就知道他曾写过这篇文章——一位编辑将它从一堆将要丢弃的资料中拯救回来——但似乎没人知道为什么文章从未面世。奥登可能只告诉过他的一个朋友泰可拉·克拉克（Thekla Clark），这朋友在一部纪录片中重新讲述了这个故事。纪录片的名字是《威斯坦：生命，爱与诗人之死》，由迈克·伯格梅斯特（Michael Buergermeister）执导，去年在牛津首映。

出于种种原因，奥登把自己扮演成一个死板或冷漠的人，而同时他又在无条件地付出时间、金钱和同情心。某种程度上他是在反抗自己早期作为英国左翼文学英雄的声名。1937年，他还未满30岁的时候，一家伦敦报纸在头版刊登新闻，声称他去了马德里，计划为西班牙内战中处于困境的共和国驾驶救护车（他其实是被要求为广播宣传服务的，但目睹前线状况之后，他悄然离开了，对自己国家一方的某些行为感到心灰意冷）。

1939年他离开英国来到美国，部分原因是为逃离自己的公众地位。过了六个月，在一个政治会议上发表演讲之后，他写信给一个朋友：

> 我突然发现自己真的能做到这一点，我可以做蛊惑人心的激越演讲并使观众热血沸腾……如此令人兴奋但又是绝对可耻的；在那之后我只感到自己满身污垢。

他很反感自己的早年成名，因为他看到了藏在自己公共道德形象背后的复杂动机，以及被崇拜和偶像化之后油然而生的满足感。当被问及政治和道德问题时，他觉得有辱身份，因为他提醒自己，艺术家并没有特别的洞察力。他远未将艺术家想象得高人一等，相反从自己身上看到艺术家受到权力和残酷行为的特殊诱惑，以及掩盖自己真实冲动的特殊技能。

1939年，32岁的奥登爱上了切尔斯特·卡尔曼，并将他们之间的关系视为婚姻。两年后卡尔曼结束了这段关系，因为他无法忍受奥登对忠诚的愿望。奥登对此满腔怒火，可能是针对卡尔曼，也可能是针对使卡尔曼不忠的人。几个月后他写了一封诗信给卡尔曼，其中写道：“一想到你，我就已经试图、并且几乎快要动手杀人了。”

写这封信的时候，他已经开始意识到是自己造成他们之间的决裂，因为他试图把卡尔曼重塑为一个理想人物，一个想象中的爱人，而他对这个想象中的爱人比真实的更加重视。奥登所想的对这个年轻人的爱只是一种控制欲，一种想要改变他人的欲望。这种诱惑每个人都经历过，但他认为艺术家更易如此。几年后，在一次莎士比亚十四行诗的演讲中他说道："艺术可能会从创造一个语言世界发展成试图创造人这样危险而禁忌的任务。"

早在他二十几岁时，他努力当一个政治诗人，试图给一个读者群写作——一组或一类有相似兴趣的观众。后来他意识到自己更喜欢针对个人读者进行写作。他可能有成千上万的个人读者，但他写作时好像只在对一个人诉说。"我所有的诗都是为爱而作，"他说，"自然，我写完一首后，就会试图推向市场，但是市场的前景对我的写作并无影响。"

一个为读者群写作的作家声称自己应该获得他们的集体关注。他必须把自己呈现出一个伟大的现代主义者形象——叶芝，乔伊斯，艾略特，庞德——或多或少严肃地表现自己，作为有远见的先驱者和文化权威，艺术英雄们为他们的时代和国家设置了章程。与此相对，一个为个人读者写作的作家把自己定位为他这个领域内的专家，但在其他任何方面与他的读者平等，没有道德权威或超出了他艺术范围的特别见解。

弗吉尼亚·伍尔夫与奥登想法很相似，斥责她的读者接受与作者不平等的关系：

你似乎谦虚地认为作家有着和你们不一样的血液和骨骼；他们比你对布朗夫人知道更多，从没什么错误比这个更致命了。正是这种读者与作者之间的分歧，你们身上的这种谦卑，我们身上这些专业的装腔作势，腐蚀和阉割这本应该作为我们之间亲密和平等联盟共同产出的健康成果的书籍。

在这样一个时代，当不同作家如海明威和艾略特鼓励公众佩服他们英雄式的探索者思想和精神，奥登宁愿选择相反的方向走上歧途，呈现一个不圆满的自己。

二

通过拒绝成为道德或个人权威，奥登对于现代知识分子中盛行的争论，坚定地立足于一方论点，这争论很少被明确指出，就是关于罪恶以及那些犯罪之人的本质。

在争论这一方，那些像奥登一样的人感受到了自己隐藏的愤怒，希望永远不要释放的罪恶，但他们有时会意识到这让他们平常的愤怒和怨恨加剧，尤其是那些他们更愿意认为是出于正义的愤怒。另一方的那些人能够不带讽刺地对自己说，“我是一个好人”，这些人只在其他人身上看到罪恶，觉得他们的动机和行动与自己是完全不同的。这种观点存在危险的后果，一个政党或国家若是确定了自己与生俱来的善，就会认为其行动是合理的，而即使在其他所有人眼里，他们似乎充满杀气和压迫。

这种争论的许多形式中的一种，是20世纪关于极权主义罪恶的含义争论：他们是否透露出全人类的罪恶或只是受文化和国家承诺的唯一领袖的罪恶。对于奥登来说，那些罪恶表明每个人都有作恶的可能性。从安静的奥地利农村阁楼的房间看出去，他创作了他的诗，他写道（在《制造的洞》一诗中）：

比以往更甚
外面的生命是友好的，奇迹般的，可爱的，
但我们不应该，自从斯大林和希特勒之后，
再信任自己：我们知道，在主观上，
一切都是可能的。

“我们”，也就是说，集体性地知道什么是每个人的心灵中可能的“主观”。

“1939 年 9 月 1 日”，他不再抱有这种幻想：任何人的私生活可能是清白无邪，不沾染明显驱动公共生活的罪恶。个人主观地知道——仿佛在看一个镜面——他们对待他人就像使用的物品，正如国家一样：

他们盯着镜子，
帝国主义的脸
和国际问题。

他跟朋友谈到，有些专注的反法西斯者将自己的情欲生活当作入侵波兰一样，这种人又是多么常见。

正如每个或多或少怀着同样想法的人一样，奥登并不是指情欲贪念在道德上等同于大规模谋杀，也并不是说他自己和希特勒之间别无二致。对于一个负责任的公民和一个邪恶的独裁者之间的明显区别他并无兴趣，他感兴趣的是，公民和独裁者有什么共同之处？公民的道德和心理的故障如何帮助独裁者成功？

那些持相反观点的人，认为公民和独裁者没有任何共同之处，他们往往还持有许多推论的意见。一种必然的推论是，对于纳粹种族屠杀这种巨大邪恶，合适的回应是无言的——因为公民和独裁者是不同的物种，他们没有共同语言。另一种推论是汉娜·阿伦特关于艾希曼在耶路撒冷的文章（1963），认为“平庸的罪恶”完全错了，因为罪恶是可怕、外来而且不人道的。从这个角度看，这些良好公民的行为和思想，可以是平庸的，而那些独裁者和他的代理人的行为思想绝非平常。

奥登早在1939年就表述了与阿伦特类似观点，在他的诗《赫尔曼·梅尔维尔》（Herman Melville）中写道：

罪恶通常都不引人注意，而又总是人性，

和我们同床共枕，同桌而食。

后来，他引述西蒙娜·薇依（Simone Weil）关于同一主题写在大约同一时间的思想：“虚邪是浪漫多变；真恶是阴沉，单调，贫瘠，乏味。”

这种认为公民与独裁者没有任何共同之处的观点还有一个推论，即独裁者的受害者本质上是无辜的，不只是无辜受害，而是在一切方面都是无辜的，所以即使凶残的独裁者已被消灭，他们自己的行为，无论多么有压迫性或不公正，都不应按照与独裁者行为一样的标准来判断。作为非理性仇恨的受害者，他们无法想象自己出于类似的仇恨行动。奥登反对这种本性无辜的幻想，他承认受害者无论在自己受害过程中多么清白，都禁不住要成为害人者。正如他在一首轻快的歌中所写："很多屁股生疼的人想要 / 找个人更狠地踢上一脚。"

奥登将人们分为各种类型和反类型，并从中获取思想的愉悦。他的作品大部分戏剧化地展示两者之间的差别，一个是温柔的阿卡迪亚人，缅怀纯真无辜的过去，每个人都可以做所想之事而又不伤害他人，一个是严厉的空想主义者，幻想有时尝试建立一个理想的未来，在那里一切都将是本来面目。奥登认定自己是一个阿卡迪亚人，但他万万没有想到空想主义者——无论他多么不喜欢被他们围绕——只是纯粹地谴责在公共和私人领域的不公，并且他总是提醒自己，阿卡迪亚人并不像他们所认为的那样纯真无辜。

在《哪架七弦琴之下》，这篇他 1946 年获得美国大学优等生的诗歌中，他换了不同的说法，进行了类似的区别。他不再用阿卡迪亚和空想主义，而是将人心中无休止的战争描述为发生在赫尔墨斯魔术式的嬉闹儿童与法定的阿波罗式的专横儿童之间，他敦促自己不负责任的同胞们抵抗阿波罗的阵营。但他后来告诉一个朋友，"我身上也有一点阿波罗。"他后来告诉另一位朋友，他自己也有独裁的冲动，他鄙视这种冲动但又无法完全将其消除。

在他的散文诗《晚祷》中，一个阿卡迪亚人和一个乌托邦人不情愿地感觉到各自对文明的一份愧疚，意识到每个人对"血液的混凝土"都有责任，没有它就"没有世俗的城墙安全屹立”。两者在十字路口相遇时，无需多言，每个人都知道对方的想法，同时认出对方的反类型：我是一个阿卡迪亚人，他是一个乌托邦者。他鄙夷地注意到我的水瓶座肚子，我警觉地注意到他的天蝎座嘴巴。他想看我打扫厕所，我想看他被扔到另一星球。

奥登绝非以无言敬畏来回应纳粹的种族大屠杀，而是把它理解成一个极端容易理解的例子，也就是在现实世界流行的建设一个新耶路撒冷的幻想：

> 即使是希特勒，我想，会把他的新耶路撒冷定义为一个没有犹太人的世界，而不是一个百万犹太人被毒气天天炙烤的世界。但他是一个乌托邦者，所以烤箱不得不被登场。

1954年，当奥登审查以赛亚·伯林(Isaiah Berlin)的《刺猬和狐狸》时，他给伯林的对仗提供了另一选择，刺猬只知道一件事，知道很多事的狐狸就是对立面。他由仙境中的爱丽丝即兴想到，把有主见有道德正义信心的爱丽丝与缺乏主见随大流的Mabels对比。他的对仗更多的是道德的自我认识，而非对世界的认识。

伯林是奥登终生的朋友，奥登对于他在伯林书中感受到的爱丽丝式的气质提出了温和的异议。伯林一段特别令人难忘的论述出现在他后来评论屠格涅夫的文章当中，表达的就是奥登所不信任的那种爱丽丝式的观点（在此书中其他地方也出现过）。伯林写道："在屠格涅夫时代之后，那些道德上敏感、诚实和理性负责的人们由于激烈的两极化观点而不时陷入两难困境，而这种困境日益加剧，遍布世界。"无论伯林的本意如何，像这样的句子，会鼓励读者将自己归为敏感、诚实、负责的人，当然因此无可避免地被自身的麻木、欺骗与不负责任遮住双眼，也无视他们所支持的群体、政党或国家犯下的罪恶。一旦想到自身优点作为安慰，他们的"两难境地"也有所缓解了。

奥登写过一首诗，关于自满和随之而来的愉悦，他也享受到这种愉悦，但他明白那些只是虚幻。这首诗是《湖》（1952）：

只有一个非常邪恶或者自负的人，
将要沉入大西洋中部的某个地方，
还能想到波塞冬的皱眉仅仅是为他个人，
但只有人类会相信
冰川湖的女神会爱上
她吞没的罕见的游泳者。

在诗歌的最后一节，奥登想知道他会选择哪种湖——“冰碛，锅，牛轭，闪光，水槽，火山口，山前，酒窝”——如果他能拥有一个的话，最后结尾处讽刺了自满带来的快感：“只要流利地说出他们的名字就那么舒服。”他首次出版这首诗时，并没有题献者；评论《刺猬与狐狸》几个月后，他重印这首诗时，他将其献给以赛亚·伯林。

奥登这些分裂的动机与他独特的基督教义密不可分。他没有在字面上相信奇迹或神灵，并认为有关上帝的所有宗教言论在字面上都是虚假的，但可能在隐喻上是真实的。他觉得自己受制于一种绝对责任——他知道自己将永远做不到——去爱他人如己，后期的俳句中他提过这一诫命：“他从来没有见过上帝／但是，一次或两次，他认为／他听到了上帝。”他每个星期天去做礼拜，重视圣餐仪式，并非因为它的神奇或美，而是因为它永恒的语言和礼仪是“死者与未出生者之间的联系”，是对当今充满我们自身的自满利己主义的一种反抗。

1940 年，当返回到童年时代的英国圣公会时，他写了一本书名为《双重人》。其中一段题词引自蒙田（Montaigne）：“我们——我不知道怎么回事——是双重的自己，所以我们不相信自己相信的，我们也不能避免自己所谴责的行为。”他觉得有责任告诉邻居他对自己的谴责。

“它难道不是最重大的事情吗？

对啊，因为它如此重大，所以我们没法太把它当回事儿。”

——印度瑜伽师论修道

多么美好的长期租约

撰文 张宇凌

早安，希望你看到这篇东西的时候也是一个阴郁的早晨，这种时光最适合来讲讲伴侣生活。先声明一下，出于最真诚的敬意，我在这里尽量使用“伴侣”，即使用到“夫妻”，也并不特指某两种性别，亦和某种飞船驾驶执照没有特定关系。

回到这个早晨，灰暗得像雏猫的绒毛，青石的墓碑，巴山的夜雨，家里起来就开灯，飘着茶香和稀饭香。一切就像少女西蒙娜·波伏娃看到那样："这种生活就像一个个灰色的小方块，一直连到天边。"她一生都为了改变这个方块之阵而努力，结果和独眼外星人一起搭出了形状多端、稍显丑陋的伟大飞船：存在主义号。

鄙人则是个灰色的爱好者，也是个长时段伴侣关系的践行者，不论它是婚姻，是爱情，是同性，是异性，是猫，是狗，唯一的原因是这种关系适合我。因为两人关系这件事情，其实跟飞机出事时戴氧气面罩一样，只能首先戴好你自己的，才有可能期待其他。而我们的一生，又何尝不是一个无限放大放长的坠落失事过程？所以，先吸一口氧，祈祷自己还有工夫，看清这小小机舱里有谁要和你共赴黄泉。

由于父母无法出席我的童年，我从三个月起由外祖父母日夜亲手带大，一睁眼就看见一对老夫妇，他们的主要生活内容就是如何平安快乐地走向死亡，这也成为我发蒙启智的重要部分：怀古怨今，管儿教孙；喝茶养花，买菜做饭。在三十多口的家族中，我自认比由中年男女带着的小孩子幸福，于是五六岁就暗下决心，长大首先就是要找一个男的当外公，我直接当一个外婆，而我们的一生将是对人世的一个盛大漫长的告退。

小女儿宏愿轻许。

却不料到了巴黎。到巴黎学习中世纪艺术史之前，我就已经长成了一个古墓派，废墟控，一个倒着行走的人。毫无向上建树的能力，只有向下挖掘的兴趣，妄想着只要使劲睁大眼睛，就可以看见过去。而巴黎还是造成了我的另一处偏颇：八年时间不仅让我饱览各大遗址，泡博物馆，逛古董市场，读羊皮书……也在我的心中制造了成规模的重要废墟，我也就因此而任它荒废。

人总是最怀念荒唐和蹉跎掉的岁月，一颗没有废墟和荒原的心灵，让他的灵魂之伴去何处徜徉呢？当然我不反对迷恋心理建设的人，把心灵建设成一个新加坡，自然有那喜欢酒店标间的灵魂前来入境。

说了一阵子我的偏颇之处，可以开始说说罗马人的不公正了。确切地说，是罗马人和他们老祖宗伊特鲁里亚（Etruria）人的事情。

在巴黎学艺术或考古的学生都能免费逛博物馆，所以我们常常出于无聊而逡巡其中，跟无心读书时逛超市一个意思。我无聊时最爱看的几样东西，其中一个就在卢浮宫的伊特鲁里亚区，那是个红陶做的骨灰棺材，棺材上雕刻着一对男女。他们都侧躺着，用手肘支撑起上半身，男人紧贴在女人的身后。这是公元前6世纪流行的宴饮姿势。女人戴着锥形小帽，四条猪尾巴辫子一直精心地编到头儿，虽然衣饰上的色彩已完全退却，但是从她脚上的小靴子可以看出，她此时是盛装出席。

她的双手做出点洒香水的姿势。这是葬礼上必行的仪式。男人则披着裸露上体的长袍，右手轻轻搭在伴侣的肩上，眼中露出有点提防和狡黠的神色，这让他们有时候看起来像两个得手的共犯。男人残缺的左手伸出，从女人手里接受洒出的香水。他们身下枕着的东西有个鹿角状的出水口，是装葡萄酒的兽皮囊，暗示着葬礼上饮酒作乐的风俗。

这个棺材上的雕塑来自亚平宁半岛中北部的伊特鲁里亚文化。这个文化从公元前 12 世纪一直存在到公元前 1 世纪，与希腊文化并存，被罗马文化所灭，一说它的人民来自东方。伊特鲁里亚人的核心哲学是宿命论，他们认为肉身必亡，无法战胜自然和命运，罗马人一来他们就立刻放弃抵抗；然而相信必有来世，所以他们长于坟墓建设，所留遗迹多属此类。而这对来世的期盼却不似埃及或中国先民一样须存以肉身或土葬，而是火葬，将骨灰放进雕刻有逝者塑像的棺材或骨灰瓮，那容器通常像一只小船，比需要的容积大很多。在举行葬礼仪式那天，生者聚集在坟墓门口，与逝者一起举行盛宴。仆人要在内外服侍，给逝者和生者送上同样的香水，美食，美酒。

如同所有宿命论者一样：他们尊重阴性的力量，伊特鲁里亚女性地位在公元前 6 世纪存在的文化中是最高的。同时代，民主的雅典城邦里，女人根本无权出席任何宴席，除非她们是妓女或者高级情妇；而伊特鲁里亚女人则可以作为妻子和女主人，盛装横陈在宾客与夫君之前。这种侧卧鸳鸯的模式，是伊特鲁里亚大骨灰瓮的统一制式。

也如同大多数宿命论者，他们热爱现世，是时尚先锋，率先在法国南部种植葡萄酿酒;精于制皮，尤其讲究鞋子样式，从那个女人脚上的小短靴可见端倪。罗马人虽然一直否认对这个文化的学习和继承，但19世纪的意大利人一看到那些鞋子，心就软了，当即跪认祖宗。D. H. 劳伦斯先生，整个写作的核心都和伊特鲁里亚的骨灰棺材有关，那棺材 sarcophagus 的词根“sarco-”等同于“flesh”。难怪他在那本《伊特鲁里亚游记》中急切地敦促人们：“到墓穴去，到墓穴去……”

每次看到这个棺雕，我都会想到中国古代墓室中的夫妇宴饮图。从汉代开始，装饰墓室的画像石画像砖上，就可以找到不少夫妇宴饮图的模式：在华亭幔帐之下，男女对坐于榻，二人之间置酒食，或有子女相伴，旁有男女侍童。家屋之上有交颈鸟、连理树，象征着夫妇之欢。在四川荥经城郊出土的画像石上，夫妇在屋檐下对面跽坐，构图等大同型，长袍高髻，翘臀探颈，互相亲吻。

东汉几乎所有大墓都有主人宴饮图：主帐下，夫妇转为并肩坐案后，面向宾客，左右有男女仆人，面前有客人，或打酒的侍者，或演出的杂耍伶人。

这个传统发展出一个最有趣的分支：开芳宴。“开芳宴”这种主题兴于唐，盛行于宋金：壁画或砖雕上，墓主人夫妇对坐桌旁，图中有灯檠、幔帐、屏风以标志为室内，桌上置酒食，旁有仆人家童。初始他们常在观赏乐戏，而后越来越简化为纯粹的二人对饮或对坐。宋代开始有丈夫或妻子持佛珠于华宴之时的表现，金代开始表现老年夫妻的怡然之态。开芳宴只能由丈夫为妻子举办，以显恩爱：宋代罗烨《醉翁谈录》“壬集卷”中曾记载张官人夫妇宴饮的情况：“此张解元宅……常开芳宴，表夫妻相爱耳。”相对的是妻子为丈夫举办的“开华宴”，不过此类宴饮常为表彰男性的文武功劳，仅存文字记载，并未出现在墓室和其他图像中。

如果继续去看看其他的墓地伴侣形象，比如古埃及，女人与男人并肩正坐，常伸一只手，扶住伴侣的肩膀，腰或上臂，给他坚定的扶持；而在古希腊，则是年轻的“被爱之人”（eramenos）带着猎犬拐杖，年长的“求爱之人”（erastes）做沉思状凝望着他，他们的口号是：恋爱要从灵魂着手。

就从那个伊特鲁里亚大骨灰棺材开始，这些墓碑、棺雕、壁画中为死亡而做的伴侣形象，使我产生了无尽的好奇心。

首先，我不明白，为什么他们总希望带着老婆或老公，而不是父母、儿女、姑姑、老师……这个问题足够写一本书，所以此处留赠有志读者。千万别以为几个陈词滥调可以对付过去，古代不是任何人的童年，他们的困难和方法都不比我们的更简单和天真。从古至今的每一秒，每个人类一旦发现自己也有滋滋响的肉体，他人也有砰砰跳的心灵，他／她的大麻烦就开始了。

第二个问题是，为什么他们都有那种放松自得的表情，有的还带着神秘微笑？说实话，伊特鲁里亚棺雕是整个卢浮宫我看来最放松的一个雕塑，其他的，包括那些展示睡姿的，不是为了表现力量，就是为了表现色情。

难道他们对这种雌雄大盗、双打双赢的组合方式感觉很踏实吗？我觉得恰恰相反啊，两个人在一个阵营，才是一种更脆弱更危险的组合，倒是会使比赛更好看。因为背叛是一种人类天性，和爱情一样古老。你真的见过因为同床，所以同梦的吗？

难道他们领悟到什么，就像日本人河合隼雄曾说的，“伴侣夫妻是最能培养宗教性的关系”？我只领悟到伴侣是最能培养忧郁症和幽默感的关系，也只有忧郁症患者才能拥有真正的幽默感。至于宗教性，我倒觉得，伴侣也是不能忘情的最佳说明，最多顶到炼狱的天花板，坐上轮回的过山车，终不能像佛一样，变成无比大，大到忘情无他，大到与“死”一样。所以“涅磐”上只能睡佛一个，“死”之上，却恰得卧人一双。

或者那种放松只是简单地因为他们死了？这世上最舒服的地方倒真的只有两处，除了子宫，就是棺材了，想想那些优秀的椅子和沙发，气质上无不非此即彼：要么暗暖，要么暗凉，要么软贴包裹，要么平正顺直……我们从子宫中出来，浑身越来越紧张，试过一个臂弯又一个，总觉得姿势别扭，最终，居然还是带住了一个，一直走进棺材。此种选择可能是世界上最激进的事情之一了吧，因为你再爱一个人，也很难一整夜在对方的怀抱里睡踏实，不拧，不转，不觉得膈应，更别说要一千零一夜了。

要不，那个舒服劲儿是因为他们在喝一杯伴侣之间的小夜酒，聊一种只有老伴之间才能聊出来的天儿？

汉代的中国人，和公元前 6 世纪的伊特鲁里亚人，不约而同地在死亡面前展现了夫妇宴饮的图像，仿佛死亡，就是两只旧酒杯几乎听不见的轻轻一碰。

2006 年的巴黎，每个地铁站的广告栏中，贴出了法国人对伊特鲁里亚棺雕的解释："他们告诉我们伴侣生活的秘密，是每日的清欢，而不是终极的至乐。"

必须承认，让我不能自禁地同意的正是这一点：每日的清欢，阴天的微光，老夫老妻的那杯夜酒和夜话。

晚明那些名声不正却远传百代千里的伴侣关系纷纷可用

来佐证：董小宛如果包了一整天的猪油玫瑰点心，还不能洗干净手，和冒先生一起点燃一块奇楠的话；柳如是如果整日被家中女眷聒噪，夜来还不能听钱先生献几句媚诗的话……包括后来那个名分正却死得早的“芸”，吃一个月稀饭臭虾，等不来沈先生领着去夜船上来一盅薄酒的话，哼哼……

连尼采这个狂傲的大胡子，这只从未真正搭过伴儿的“现代主义孤鹰”，在男女婚姻的问题上也曾靠近过这一点，“在步上红毯的那端之前，我们得好好想想，是否真地愿意和这个女人促膝长谈，直到天荒地老。婚姻生活中其他事物都是暂时的，然而我们交往的大部分时间都是在交谈”。

天荒地老还能促膝长谈，这属于典型的“孤鹰”妄想。随着年头增加，伴侣之间的大部分谈话总是由一曲曲复杂婉转的长调，转为一连串轻快简单的短曲。默契真的取代了交谈吗？ 答案是，别闪人，还有另一种机会。

因为有的话，只能和认识很久而且有身体关系的人说。而且这是种没法定日子的约会，只有在无数灰色小方块的不知哪一块上，自动展开。长期的肉体关系，是某种谈话的奇怪保证。注意，此处没有涉及贵刊第一次的讨论题目（灵魂），我说的是长期和肉体。

伴侣夜饮，乐缓酒慢的时候，它有最大的机率会生长出来。它赤裸得像一朵花，只能从两个皮肉混溶澄明却又分装的肉体之瓶里开出来，几乎不带色欲之香；它无垠到像两块地壳，在地震火山的狂乱摆弄后，渐渐发出溪水和青草一丝丝爬连的声音；它深慢如鲸鱼，从某个年头起，我们的房间里开始有鲸鱼，鲸鱼每次都会制造非常缓慢的瞬间，压住一摆，就游通了二十年睡过的几万里暗黑卧室；当然，这样的谈话还有着灰烬的轻柔和狡猾，像猫儿一样抱不稳，像省略号总是抓不住的几个点儿，等这几个点儿都按住了，生命的这本魔书就可以结束了。

那时候再闪人不迟。

再具体点儿，作为一个高度过敏体质的人，我很容易在夜里放松的时刻呼吸道出问题。而 K 先生，我这个未来外婆身边唯一的“外公”人选，也总是这个时候想起来后背痒痒，男人保留了灵长类这个原始的特性，而且一定痒在自己不能够着的地方。不过只要这种神奇的交谈开始，即使我一边吸鼻涕，一边母猴般替他挠后背，也可以闻到雨后荒山那种秀野的味道、鲸鱼的味道、古书的味道……我想那就是自由的一种气味吧。自由有很多气味，而这一种，除了把两粒肉体的芝麻交给同一个日常的大磨去压榨磨碾，还有别的方式可以闻到吗？如果你有，敬请给我打个电话。

真要更具体的，还得再从卧室回到墓室。

开芳宴到元代的时候，被少数民族频繁引用，后来竟然发展出一种非常特殊的形式：那些楼阁幔帐都在，两把椅子，一桌酒菜都在，甚至桌上的花瓶和佛珠都在，墓主人夫妇却消失了，一切的布置都仿佛他们刚刚离去。

如果此时你以为我要讲讲死亡和离去的关系，答案是，不然，原因请参照标题下引文。

不过更有利于侦破图像秘密的，是举出一个夫妻夜谈的实例：K 先生作为机械工程和电脑的高材生，作为我的外星人学和机器人学导师，有一次在我们两个看完斯皮尔伯格的新电影，一起喝夜酒的时候，对我说："我只能在你这儿修我的宇宙飞船。"说的时候，那双半百的眼睛像婴儿眼一样潮湿。

我脑海中立刻回闪出伊特鲁里亚夫妇比骨灰体积大很多的船型棺材和他们脸上的神秘微笑，埃及夫妇如正副飞行员一般的并排端正坐姿，希腊同性爱人全副出远门的猎狗加拐杖的行头，中国汉代夫妻的"升天图"，头顶的神秘大鸟和漫天灵物……哈哈，再回到元代的墓室，风吹草低见飞船，好个精细的游牧民族,还在"不辞而别宴"的桌子上留下了牡丹。

那个时刻，我知道自己魂肉中的大片废墟终有一用，可作为这世界上对他来说唯一合格的飞船修复工厂。而租金相当诱人，最终一次付清：在几十年的修复工程完成之后，带着我离开这个被时间和空间绑死的星球。

现在你了解了，这是一份多么美好的长期租约。

环境一变，一切都变了。我想我永远做不出和家乡一样的抄手了。

谈谈情，说说吃

撰文 谢丁

春节回家，有两样东西必吃。一是红油抄手，我心中天下第一美味。二是汤圆，家乡的传统，大年初一不得不吃，吃得越多越吉利，要撑到喉咙口，憋着一口气去打麻将。

别的人回家，父母必是办一桌好菜，清早就开始准备，直等你飞机落地。我家则简单得很，开门进屋，我妈上来就问:“去外头吃抄手？”于是扔下行李就走。一家人到了楼下，随便走进一间面馆，总有卖抄手的。嘱咐老板少放点辣椒。刚从北京回重庆，得悠着点儿。三两红油抄手，边吃边冒汗，吃得火眼金睛。过年回家的第一顿，总是最惬意。

很多人问我,重庆那么多好吃的,轮着吃,也能吃好几天，干吗挑个最普通的抄手？我也不知道怎么回事,从小就这样，一连几天顿顿抄手也不厌。二十年前读初中时，碰见一个和我同样热爱抄手的同学。我们都吹自己是抄手大王，僵持不下。有个周末，和他约好在城里一家面馆比赛，看谁吃得多。他比我气盛，三两一碗，连吃两碗。我讨了个巧，二两一碗，连吃三碗。打平。老板在旁边起哄，说再送你们一人一碗。结果他硬是没咽下最后三两，而我以八两的记录，侥幸得胜。如今这同学不知去向，如还在重庆，比我有口福。

上大学离开重庆后,我很难再吃到抄手。北京的“馄饨”很像抄手。再比如福建的“扁食”,沙县小吃里的“扁肉”(到了北京也改叫馄饨)，广州的“云吞”，长得都差不多，性格却迥异。馄饨软绵绵的，瘫成一团，馅极少，只剩下一层皮。北京人拿它当早点，就着包子或饼，图的是清汤。至于扁食，刚好相反，皮太薄，馅又太多，搞得像女人爆乳。而抄手是符合重庆人性格的，皮厚馅多，外硬内软，重口味。

据说正宗的重庆抄手，煮完后，应该搁盘子里，一个个抄手是站着的，无汤。成都的“龙抄手”也无汤，用小碗盛，面上一层红油酱料。但重庆大街小巷卖的抄手，汤却是很重要的，得是骨头汤，提味。稍微有点名气的店，都有自己的独门秘笈。小时候，在我老家（长江边的一个小城），最有名的店，名叫“阮抄手”。老板姓阮，女儿和我是同学。她家抄手独步天下，靠的是起锅后洒了一层胡椒粉，生意非常好。我那时极为羡慕这位女同学，可天天吃抄手。每次路过，总能看见她端坐店门口，双手熟练飞舞，帮着父母包抄手。心想谁娶了她可占了大便宜。如今，这女同学也不知去向。

母亲知道我这怪癖，也常在家做给我吃。她不擅长做饭，甚至讨厌女人整日黏在厨房，恰好抄手是简单易行的，一顿包上百个，搁冰箱里，饿了就煮点喂我。即便简单，母亲的抄手也有小讲究。肉馅得是猪肉，加上盐、葱花、蛋清一起搅拌。抄手的面皮很重要，厚薄适当，得去专门做面皮的地方买。我印象中，她总买不对数量。不是肉馅多了，就是面皮多。一切准备妥当后，包抄手就纯粹是个技术活了，工具只是一根筷子。她喜欢坐客厅沙发上，边包边看电视。我就在那时学会了这门手艺。

离乡十多年，除过年回家，其余日子很少吃抄手，也不想。

但几年前，有一晚工作到深夜，踱步到厨房，突然就想来一碗红油抄手。冰箱里只有超市买来的速冻馄饨，一煮就烂，而且怎么都不对味，感觉低下。那一整夜，心里都在流口水。第二日，便去市场买了肉馅和面皮。但重庆抄手是四方形面皮，在这里寻不到。北京的面皮是用来包馄饨的，呈梯形，而且极薄，只能将就着用。我欢快地包了一整天抄手，挑了二十个下锅，其余放冰箱冻好。一切程序，都遵守记忆中的样子。等入口时，却发现不是记忆中的味道了。

母亲常说，我比她更有做饭的天赋。她是真讨厌进厨房。在老家，她是地方上出名的女强人，爱麻将胜过工作，爱工作胜过做饭。一般来说，家庭妇女做久了，都会对厨房生一点怨气，认为它占用了自己本该更美好的人生。也许正因如此，许多男人退休后，倒是喜欢进厨房鼓捣点精致的菜饭，一是觉得该让老婆休息休息，二是真认为做饭是有趣的，到老了，总算可以干点好玩的事。而我不同，自小就喜欢在厨房进进出出。我第一次做饭，可追溯到小学六年级。父母上班太忙，我放学回家，总是先做一份西红柿鸡蛋汤喝。久而久之，晚饭的蛋汤就由我包了。变着花样做。鸡蛋直接打入锅里，是喜欢它的淡雅。如果煎了鸡蛋再做汤，是冲着那份油香。

在那个年代，家里一个男孩喜欢做饭，肯定不怎么好听。我父母大概觉得，这总比我去外面荒玩惹事好。但总的来说，他们都认为，厨房一定是成不了大业的。从没听说谁家孩子的理想，是长大后当一名厨师。多年后，当我看见许多餐馆和酒店的大厨都是男人时，我也好奇，为什么全世界都这传统——在家是女人做饭，在外就变成了男人？

男人在家里下厨，定是大事。我有个亲戚，三十多岁便考了三级厨师证书，但他却在机关里上班，平日没机会显示本事。只有逢年过节，轮到他家请客，他才围裙上阵。老婆那时只好做他下手。每次去他家吃饭，知道是他在厨房，所有人都提了胃等着，像进了一家大酒店。我有次问他，为什么大厨师都是男的？他瞪我一眼说，女的抡不起这大铁锅！

说得好像也有点道理。

读汪曾祺的散文，写他平日爱折腾吃的。他讲，“体力充沛，材料凑手，做几个菜，是很有意思的”。然后说，做菜，必须自己去买菜，他不爱逛百货商场，却爱逛菜市。汪曾祺讲究吃，是出了名的，所以有次聂华苓和保罗·安格尔夫妇来北京，他就在家做了几道菜招待他们。其中一道是煮干丝，据说聂华苓吃得连最后剩的一点汤都喝掉了。但听汪曾祺谈吃，重点是吃，不是做。言语中，他也不是天天进厨房，只是偶尔兴致来了,才做做玩玩,日常饭菜估计还是得老婆打理。

天天让男人下厨房,全天下我只见过重庆人有这爱好(据说上海男人也如此，没亲眼见过)。我住在重庆那几年，每天清晨上班，途径附近一个菜市场，满眼都是男人提一菜篮在买菜。难怪人家都说重庆女人厉害。但重庆男人做菜好吃也是出了名的，随便街上问问，似乎人人都能对某道菜说出个一二三来。

我那时是独居，日子一长，就把做饭的爱好培养出来了。起初，是看样学样，把我母亲平日里厨房那一套全用上了。慢慢地，就觉得太简单。其实，应付个人吃喝已完全没问题，但不知为何（也不知是不是男人都有这特点），总想搞出点更复杂的菜式来。有一阵子，买过好几本菜谱，搁厨房里天天对着学习。如果你也这么干过，你就知道那根本没用，否则满世界都是大厨了。但学习菜谱有个好处，它让你知道厨房的事，一招一式，看似简单，却内含玄机。比如麻婆豆腐，人人皆知怎么做，但能做出其真味者，又有几个？

不过，这大约也是厨房的乐趣所在？

扯得有点远，说回抄手。其实说这么多，不外乎给自己找些借口——即便再简单的食物，也是极难做的，但好玩就好在这个“难”字。

有一年春节，我从北京回重庆，特意让母亲在家做了一次抄手。我眼盯着她一步步的程序，和我在北京做的几乎一模一样，奇怪最后的味道却完全不同。我认为这根本不是抄手本身和做法的问题，而是调味料的区别。众所周知，重庆的调料是天下无双的。而最关键的一味，也许是猪油。如今谁家还用这不健康的东西？那年离家返京，我背包里就多了一罐猪油、一盒家乡的辣椒面、花椒和胡椒粉。

回北京后，我天天想着做一碗正宗的重庆红油抄手。第一次做，就失败了，忘了熬骨头汤，那很麻烦，不是吗？第二次腾了个下午，专门熬了一锅汤。但抄手的味道仍不对，不知问题出在哪里。我猜测，是调的红油酱料不够好。虽然我带回了正宗的辣椒面和花椒，却不知如何搭配出完美的油辣子。有一天，和几个朋友去北京南城的四川办事处吃饭，突然看见他们售卖自做的油辣子，闻了闻，那才是地道货。

一切准备就绪，我邀请几个北方的朋友到家里来，让这帮只知馄饨的人尝尝抄手的厉害。肉馅是新鲜现买的，兑鸡蛋清，加点葱花，搅拌均匀。我窝在客厅沙发上，包了整整一个下午。浓白的棒骨汤也准备好了，我敢说全重庆的小面馆也没我买的棒骨好。傍晚，人到齐。抄手下锅，青菜做底，搁一勺川办的油辣子，最后撒一层胡椒粉。我没敢告诉大家碗里放了猪油（就像母亲也是偷偷地放一勺给我）。说实话，这真是一道简单的主食，从头到尾好像没花什么时间。但所有人吃完都啧啧称奇。某人说，“没想到，馄饨还能这么好吃”。

只有我心里明白，这次又失败了。味道是好，却仍不是记忆中的味道。难道是水质的原因？或者，只是环境一变，一切都变了。我想我永远做不出和家乡一样的抄手了。

一瓶酒是一本书，凝缩了土地和酒农劳作的历史。雨果把人造酒的功劳与上帝造水的奇功相提并论，他说“上帝创造了水，人创造了酒”。

饮酒断想

撰文 陈力川

一

葡萄酒是上好的饮料，也是上好的谈资。然而酒是一个与观念绝缘、与感官接壤的世界，所以谈酒的前提是承认饮酒的感觉很难用语言表述，概念化的语言即使插上想象的翅膀也难于深入感官的领地。何况每一种酒都有其独特性，独特性是一种无法被概念化的真实，真实是沉默不语的。

即使是懂酒的人，也不见得有谈酒的语汇。掌握专业技术语汇难，克服酒的不可言说性更难。用词语表达酒的精髓比乘稻草扎的船去航海更危险。喜欢饮酒不意味着能够得其真谛，就像得到一个女人的身体不意味着得到她的心。

二

饮酒不是一种需要，而是一种欲望。人的基本需要是普遍的，但欲望却因人而异。人的基本需要是简单、不难满足的；而人的欲望却苛求、挑剔，渴望的过程掺杂着追求、失望或瞬息的满足。欲望中有太多幻想的成分，而幻想与幻灭常常难解难分。

人喝酒不是因为渴，而是因为想。酒要人喝，不是因为能解渴，而是要觅知音。波德莱尔说：“除了酒被饮的快乐，没有什么能与饮者的快乐相比。”[1] 当你与一瓶好酒对视的时

1　Baudelaire, *Paradis artificiels*, Œuvres complètes I, Gallimard, Paris, 1975, p.387.

候，你的快乐已经洋溢在酒瓶的上面。你甚至能听到它的歌声：“我们亲密的结合将创造诗歌。我俩合在一起就是一个神，我们像鸟，像蝴蝶，像圣母的儿子，像花香插上翅膀飞向无垠。”[2]

三

爱喝酒的人藏不住酒，酒喝得比买得快。酒摆在那里，你会想它。你想酒不奇怪，奇怪的是你能感到酒也想你。那不是一种单相思，而是类似恋爱的感觉。不同的是，酒虽然想你，但却比姑娘更羞怯，你不碰它，它不会自动跑到你的杯里去。

卢梭说：“在这个世界上，梦乡是唯一值得居住的地方。”对于一个好酒者，酒乡才是唯一值得居住的地方。其实酒乡与梦乡是通的，这两个地方都没有意识的堤坝截断水的流向。

四

葡萄酒能唤起我们的想象力，我们在想象中赋予葡萄酒许多它们不具备或者不完全具备的品质，因为任何想象都带

---

2 *Ibid.* p.381.

有美化的倾向。想象与期待是一对孪生兄弟，我们想象期待的东西与我们期待想象的东西几乎是一回事。想象与期待的结果有时是满足，有时是失望，失望通常多于满足，因为满足的空间是有限的，只有失望的空间与想象空间同样辽阔。

许多品酒师自称能够排除想象，仅凭理性把葡萄酒当作一种可以客观评价的物质。我常常怀疑这种说法，不是因为不相信他们超乎常人的味觉经验，而是因为品酒离不开感觉，理性在多大程度上能够驾驭感性实在是一件令人怀疑的事情。相反，酒常常能打开理性的牢笼。

五

葡萄酒是感官的盛宴，酒与人的五种官能都有联系。触觉（摸酒瓶，举酒杯），听觉（斟酒声，碰酒杯），视觉（看酒色），嗅觉（闻酒香），味觉（品酒味）。世界上鲜有能同时调动人的五种官能的东西，酒和茶几乎是唯一的例外。

葡萄酒最忌讳拿起来就喝，更忌讳一饮而尽，这一点与中国粮食酒的喝法不同。喝粮食酒一饮而尽被视为豪爽，喝葡萄酒一饮而尽则显得粗鲁，是对酒的不敬，甚至侮辱。

喝葡萄酒的程序是一看，二闻，三品。视觉、嗅觉和味觉对于品酒同样重要。很多人饮酒都忽略了视觉和嗅觉的乐趣。其实葡萄酒首先是好看，酒色的深浅、清浊、厚薄、浓淡能映照出酒的品质和特色。闻酒是与酒的第一次直接接触。大部分酒的味道，闻起来与喝起来并不相同，很多时候，闻起来的味道比喝起来的味道还好，那是一种既微妙又复杂的幽香，能够耐心加以分别的人并不多见。葡萄酒不只是为了喝而酿造的，闻酒的乐趣不亚于饮酒的乐趣。

六

饮酒是赴约：与土地和阳光的约会，土地蕴藏的矿物质通过葡萄汁酿造的酒而注入我们的肌体；阳光中的紫外线通过葡萄酒而射入我们的体内。

白葡萄酒适合静谧的场合，因为白酒的微妙和温柔受不了任何嘈杂。与粗声大气的人喝白葡萄酒就像在机器轰鸣的工厂拉小提琴。红葡萄酒适合热烈的场面，任何喧嚣都不能淹没红酒的嘹亮，其刚柔兼济的特性能化忧郁为亢奋。

法国的葡萄酒无论红白，几乎一种酒一个性格，一种酒一个味道，无论好坏，总能以个性悦人，不似有些国家的酒喝来喝去味道雷同。现代化的酿酒手段可以缩短大年和小年的差别，使不同年份的酒同质化，然而饮者远离失望的同时也远离了惊喜。

七

一瓶酒是一本书，凝缩了土地和酒农劳作的历史。没有什么比酒的历史能更好地诠释潜移默化的作用。一块土地的个性与一个酒农的个性相结合孕育了一种酒的性格。

酒农是一些热爱土地的人，他们有浓厚的根的情结。传统像血一样流在他们的身上。与其说他们拥有葡萄园，不如说葡萄园拥有他们；与其说他们是土地的主人，不如说土地是他们的主人。

雨果把人造酒的功劳与上帝造水的奇功相提并论，他说“上帝创造了水，人创造了酒”。人的生命离不开水，人的生活离不开酒。男人酿酒好比女人生育。对人类来说，酿酒与生育同样重要，因为人酿酒，酒亦酿人。

八

相同的父母不同年龄生的孩子不一样，同一酒庄不同年头产的酒也不一样。虽然产区、年份、酒庄、葡萄品种、酿造技术可以告诉我们一些关于酒的信息，但是就像我们即使知道一个人哪一年出生在什么地方而对他的性情一无所知，我们也无法仅凭年头和产区来判断一瓶酒的性格和品质。一瓶酒是一个谜，在谜底揭晓以前，它是一个悬念，一个线索，一个未知数。

有的酒喝过就忘记了，就像很多人见过就不记得了；有的酒喝过让你长久地回味，就像有的人见过，让你终身难忘。罗马尼亚哲学家萧沆（Cioran）说：“人好比酒，随着年龄增长，好人变得更好，坏人变得尖酸。”

一瓶酒是一个承诺。承诺可能兑现，可能不兑现，可能完全兑现，可能不完全兑现。兑不兑现不完全取决于酒，也取决于人。同一瓶酒不同的人能喝出同样的味道，也能喝出不同的味道。酒对有的人秘而不宣，对有的人宣而不秘。

九

宁可错待一个好人，不可错待一瓶好酒。错待了一个好人，还有道歉的机会，错待了一瓶好酒，会遗憾终生。几瓶好酒一起喝的时候，排序可谓如履薄冰。除了红白之分，还要考虑不同的年份、不同的酒庄、不同的产区、不同的酒性。顺序排得好相得益彰；顺序排得不好两败俱伤。

外国人喜欢从新酒、淡酒喝起，老酒、烈酒压轴；中国人喜欢从老酒、浓酒喝起，喝到后来新老不分，优劣无异。这一方面是由于中国菜不讲究与酒的搭配，一方面是由于中国人喝酒的方式与西方人不同。西方人的喝法是细品，中国人的喝法是豪饮；品者和饮者的区别是前者适可而止，后者一醉方休。无论什么喝法，饮酒的次数都需要间歇，有间歇为乐，无间歇为淫。

十

一瓶好酒最佳的开瓶时间常让人捉摸不定。开早了可惜，开晚了亦可惜。不过遇到酒友，这个问题就解决了，开早开晚都不可惜。好的酒伴可以使劣酒变成好酒；坏的酒伴可以使好酒变成劣酒。同样的酒跟不同的人喝，味道亦不同。酒将一些人的距离拉近，将另一些人的距离拉远；开始和结束的时候，人与人的关系变化不拘：有时，酒可以让你与一个陌生人肝胆相照，对一个熟人冷若冰霜。

酒伴最好是男的，男人会喝，也会醉。女人或不胜杯勺，或干喝不醉。不胜杯勺，喝不到一起；干喝不醉，乐不到一处。所以酒伴，还是男人好（当然也有例外），喝到什么地步，达到什么境界大致相当，每个人都有进无退。碰到那种不进不退的人，无论男女都让人扫兴。

好酒者大都喜欢与人共饮，喜欢独饮者寥寥无几。几个人聚在一起觥筹交错，越喝越兴奋；自斟自酌，形影相吊，越喝越伤感。陶渊明曾发出“引壶觞以自酌……感吾生之行休”的叹息。人生是一场孤独的游走，人需要分享酒中的欢乐，摆脱个人孤苦伶仃的生存处境，哪怕只是一时一刻。

十一

与熟人喝酒，知己知彼，是一种乐趣；与陌生人喝酒，知己而不知彼，也是一种乐趣，喝到一定的份儿上，心中会萌生一种惺惺相惜的感情。饮酒让人懂得怜惜，这不仅是一种物质行为，而且是一种情感行为。

有的人酒量大，酒胆小；有的人酒胆大，酒量小。酒胆大于酒量，这种饮者最可爱，虽亏在量上，却胜在胆上，使人感慨尺有所短，寸有所长。饮酒让人懂得谦虚，见识山高水长。

十二

喝酒有伴自然好，遇到酒友就更好，见到久别重逢的酒友，你已经先有了几分醉意。陶渊明有言，“未言心相醉，不在接杯酒”。因为酒量打了折扣，所以与酒友喝酒比与一般人喝酒更容易醉。正所谓“水为地险，酒为人险”。

喝到临界点上，你眼前出现悬崖，你知道再向前迈一步，就会坠入崖下。其实你意识到危险的时候，危险已经发生，惯力足以推你迈出这无可挽回的一步。或许你要找的正是那种自由的感觉，“飘飘乎如遗世独立，羽化而登仙”。

喝醉了固然难受，有时没喝醉也同样难受。最难受的是醉后想起酒来，刚刚还让人生爱，现在却令人生畏生厌。酒是人类为自己打造的一把双刃剑。

十三

据说古希腊人一边饮酒，一边讨论哲学问题。巴斯德说：“一瓶酒中的哲学胜过所有的书。”但是酒中的哲学并不比书中的哲学易懂。

按柏拉图《会饮篇》中阿尔基比亚德的说法，苏格拉底的酒量比谁都大，而且从来没有人见他喝醉过。苏格拉底被公认为古希腊最聪明、最有智慧的人，他能豪饮而不醉不仅证明他的海量，而且证明真正有智慧的人从不失态，始终能把持理智和稳重。巴斯卡尔说，“酒喝得太多或太少都会阻碍真理”，苏格拉底是一个反例。

希腊神话中的酒神狄奥尼索斯代表了出格、放纵、癫狂、暴力的倾向。一个人深层的本性好像只有在酒的催化下才能显现。波德莱尔说："酒像人一样：我们永远不知道我们能在何种程度上敬重它和鄙视它，爱它和恨它，我们也永远不知道它能产生多少崇高或丑恶的行为。因此，我们对它不要比对我们自己更苛刻，我们应将它视为同类。"[3]

十四

钱穆引《中庸》说："'人莫不饮食,鲜能知味。'这是说，饮食之味已难知,人生之味更难知。哪一个人没有他的人生，哪一个人没有喝过茶，喝过咖啡，要讲到知味，那是艺术的，真不易。"[4] 钱穆没有举饮酒的例子,但是《中庸》的"饮食"二字应包含饮酒的意思。饮酒能知味已属不易，但酒的本质远超出味道，就像味道超出颜色。酒的本质使人想到美，当你如醉如痴的时候，心中泛起的是一种朦胧的美感。美的心境使你不再有分别心，你会发现周围的一切一下子变得可亲可爱，你想原谅自己和别人的一切过错。尼采在《悲剧的诞生》中这样描述"酒神状态"："此刻，奴隶也是自

3 Baudelaire, *Paradis artificiels*, Œuvres complètes I, Gallimard, Paris, 1975, p.380.

4 钱穆《从中国历史来看中国民族性及中国文化》，香港中文大学出版社，2009 年，第 126 页。

由人。此刻，贫困、专断或‘无耻的时尚’在人与人之间树立的僵硬敌对的藩篱土崩瓦解了。此刻，在世界大同的福音中，每个人感到自己同邻人团结、和解、款洽，甚至融为一体了。”[5]有些平时被你看得很重的东西，这时会忽然失去分量，一切事物都回归了原位，或者说变得无足轻重。美成为唯一的存在，或者说是你唯一能感知的存在。这时你开始进入酒的世界。

5　尼采《悲剧的诞生》，周国平译，北京：生活·读书·新知三联书店，1986年，第6页。

置身其中，怀着一点自我疗救的私心，把这时代的征候记录下来，大概也挺有意思。如今记录者似乎比时代陷入了更大的危机，真是可惜。

哈佛来信

撰文　杨潇

时代精神

到住处时已过午夜，谨记中介之前的反复叮嘱（“扰邻是要赔钱的”），蹑手蹑脚提着箱子开门、进电梯、再开门，生怕发出一点声响，公寓比想象的要好，连浴巾和手帕都整整齐齐备了好多条，客厅里的假树萎靡得很真，我差点就给它浇水了。

这里比北京慢 12 个小时，头两个晚上都是凌晨两点以后入睡，4 点多就醒了，像是睡了一个绵长的夏日午觉，窗外风凉，枫树和梧桐在黑暗里发出沙沙的声音，打开电视全是购物节目，我鼓起勇气从 900 多个频道里寻找 BBC World Service，想通过看新闻找到自己在陌生世界的坐标，却只发现 BBC America，它在播放烹饪节目，后来我又看过它几次，好像每次都在教人做菜。

熬到 6 点，出门吃早餐，经过了一个五星级酒店、两座教堂和一块墓地后，居然摸到了哈佛广场。人最多的 Au Bon Pain 门口，风度翩翩的老人家微微鞠躬，微笑着说了声 ni hao，我一进门就明白了他为何那么确定我是中国人：餐厅里有一半人是操着各地方言的同胞，哈佛还有两周才开学，也不知是亲友团还是旅行团。

搭帮朋友的介绍，周末混进几个北美留学生社团举行的论坛，连听三场演讲，B 先生回顾了 2003 年以来中国社会运动的十年，从李思怡到太石村，从最牛钉子户到邓玉娇，听得我唏嘘不已——这些事情都历历在目，但又感觉如此遥远。2003 年有时被称为“民权元年”，记得那时候社会有共识，大家心气颇高，觉得众人推墙墙必倒，而今墙仍是墙，人也未必不是墙，就像匈牙利作家米克洛斯·哈拉兹蒂在《天鹅绒监狱》里写的："……不仅是某些官僚程序，而是整个文化语境；不仅是国家的干预，而是所有合谋摧毁自主的真正艺术行为基础的情形；不仅是政治勒令，而是一元化社会里的个人的世界观；不仅是'合法'与'非法'的限制，还有维系着国家权力能够渗透到文化哪怕最后一个细胞的秘密心理源泉。"

每代人都有自己的记忆，它可能是眼界也可能是局限，在哈佛教课的 R 老师说，你们这一代受汶川地震影响很深，所以对郭美美事件反应很大——有趣的角度，倘若一个外国观察者空降中国，他能够打开我们话匣的问题之一肯定是：2008 年 5 月 12 日那天你在做什么？而塑造 R 老师那一代人的却是更早之前的悲剧，如果我们不能理解他们的关切，不妨想象我们的下一代问我们：汶川地震真有那么惨吗？

R 在课堂上运用政治社会化（political socialization）的概念，来辨析教育、传媒、同龄人、家庭等媒介（agents）在不同社会起的作用，从而对年轻一代价值观与身份认同产生的不同影响。这并不是高深的理论，但能带来很清晰的分析——你或许听过一种熟悉的说法，"在哪里都是被洗脑"，或者，"他们那个也是一种宣传"，那就来看看这些媒介在不同社会的状态吧，它们是集中还是分散的，是被一个权力中心控制还是被若干个控制？接下来的问题是，在对任何事情做出判断前，你是否会意识到政治社会化对自己的塑造？

参加论坛的人价值观比较接近，不过他们在中国留学生群体里大概也是少数派，一个社团发起人在自己学校做的小调查说，大多数参加社团活动的留学生同意对政府的批评，但也同时认为这些批评“有损国家形象”，只有极少人对异议者表示同情。最后他总结，希望培养更好的讨论气氛，希望吸引到更多本科生，以及“更多女生”！然后一屋子男生都大笑起来。

活动结束，大家一起看了部介绍吉恩·夏普（Gene Sharp）的纪录片，吉恩就住在波士顿，以倡导非暴力抗争理念闻名于世。片名叫 *How To Start A Revolution*（如何发动一场革命），我之前没听过，用手机搜索，敲到“how to start a”时，下拉框提示出现了 how to start a business（怎样创业）和 how to start a conversation（怎样聊天）的句子，我继续敲打，到“how to start a re”时，以为差不多了，结果出来的是 how to start a restaurant（怎样开一家餐馆），这才是时代精神啊。

后知后觉

有时我特别后知后觉，5 月起和尼曼工作人员通了无数邮件，他们所在的 Lippmann House 也在邮件里出现过无数次，我从来没仔细看过那个词，大概潜意识觉得，反正也是我搞不懂的老外人名。

来美国后，某天脑子里突然“叮”的一声，我就像烤熟的面包一样弹起：Lippmann 不是李普曼吗？后来才知道，75 年前，正是这位 20 世纪美国最著名记者的建议，哈佛才创立了“旨在提高美国新闻业的水平”的尼曼项目。

报到之前某天，去李普曼 house 打印资料，推门进去看到一个有点面熟的大叔——之前我研究过其余 23 位同学的照片和简介，便主动打招呼：“你是 Greg 吗？”彼此寒暄几句后就各忙各的去了。当晚躺在沙发上看书，又不知为什么掏出手机，登陆尼曼官网，看到 Greg 的简介上写着，“*The Bang Bang Club* 一书的联合作者”，等一等，这书名怎么也耳熟？ Google 之，这回是“哐”的一声，直接把我砸回两年多前的一个傍晚。

那天已近黄昏，我在家里无所事事地上网——有一回跟一群不用朝九晚五的写字朋友聊天，说到最不喜欢一天中的哪个时分，大多数人都投了傍晚——设想你从一个迟到的夏日午睡中醒来，天色已晚，广场上大妈们热烈起舞，楼下的烧烤摊熙熙攘攘，你却四顾茫然，而这一天就要结束，是否也会“细思恐极”？

彼时我刚从埃及的广场回到中国的厨房，满脑子是开罗匹萨饼——这是跟《纽约客》驻中东记者 W 聊了一个下午后的结果，她提醒我，历代统治者都试图在某个地方重建开罗，结果它的历史不是埋在地下，而是如匹萨饼般摊开来的。我从科普特开罗走到伊斯兰开罗，从“尼罗河畔的巴黎”来到纳赛尔城，又从穆巴拉克时期的“嘈杂和混乱之地”来到革命当中的“解放广场共和国”，满心欢喜，自以为从这只匹萨饼上看见了历史。

那个傍晚我在网上撞见一部叫 *The Bang Bang Club*（枪声俱乐部）的新电影，四个战地摄影记者的真实故事。从 1990 年废除种族隔离到 1994 年首次全民普选，是南非民主转型最为重要的四年，这期间流血冲突不断，他们四人在枪声中穿梭，向全世界媒体发去一张张珍贵可怖的现场照片，而自己也在职业的痛感里挣扎，1994 年 4 月，在拍摄又一次冲突时，Ken 中弹身亡，三个月后，Kevin 在汽车里结束了自己的生命——如果你还记得当年《纽约时报》刊发的女孩与秃鹫的照片及其引发的巨大争议，Kevin 正是那位拍摄者。此后若干年，Greg 和 Silva 继续行走在战乱地区，南苏丹、喀麦隆、巴尔干、索马里、阿富汗……

2010 年，在坎大哈，Silva 踩到地雷，失去了自己的双腿，比较起来，出现在李普曼 house 的 Greg 是幸运的，但我一直没有问他，经历了那么多，你怎么理解人性？怎么理解道德？我猜想也许他仍在为此探索，有一天 orientation（熟悉、适应校园的课程）时我坐在他旁边，看他正研究一门探讨“人为什么作恶”的伦理课。

如今 Greg 早已不做战地记者，他现在是南非一家线上日报的副主编，正写一本关于去年南非马里卡纳屠杀（Marikana Massacre，南非警察向罢工的金矿工人开枪，震惊全国）的书。李普曼的时代，新闻业一步步走向光荣与梦想的顶峰，而在我们这一届尼曼学者抵达校园前，最大的业界新闻是《华盛顿邮报》被亚马逊创始人杰夫·贝索斯以 2.5 亿美元的“低价”收购。并非所有人都对传统媒体的黄昏感到忧伤，但你可以闻到这种情绪，一个同学说，他已经厌恶了那种对于自己工作的担心。我有点好奇，你也会担心工作不保吗？“我不担心自己丢掉工作，目前我们不愁钱，但我担心这种趋势席卷过来，最终你得裁人、减薪，越来越为钱低头。我懂新闻，不懂商业，现在做新媒体的很多人懂商业却不懂新闻，我希望学一些商业的东西，掌握自己工作的命运。”

W 也成了我在尼曼的同学，她带来一个朋友拍摄埃及革命的纪录片，放映完后众人聊如何报道革命，最后大家都认可这样一种说法：你几乎不可能先知先觉地在革命洪流中看清历史的脉络，而只能在随波逐流中，尽你所能采访你遇到的人，逐渐加深自己的理解。我有时觉得，也许对于绝大多数从业者来说，新闻业的革命也是如此，你只能做好手头的事，然后和大家一起等待，看看未来会发生什么。

购课一周

进教室坐下五分钟后，我就开始庆幸自己来得早。10 点一过，人不断涌入，白皮肤、黄皮肤、黑皮肤、棕皮肤，穿短裙的，裹头巾的，还有一位大叔，乍看以为是查韦斯转世。10：07 开始上课时（上课时间总比课表迟七分钟，所谓“Harvard Time”），教室里大概挤进来小两百人，几无立锥之地。授课教授和《少年 Pi 的奇幻漂流》里那只老虎同名同姓，银发银须，看着颇威严，课名是“宗教、政治与公共政策”，讲宗教对美国政治的巨大影响，好玩的是，他在牛津读书时的室友，是著名的无神论记者希钦斯（Christopher Hitchens）。

这是我在哈佛 shopping 的第一堂课。李欧梵先生在《我的哈佛岁月》中写，哈佛有个不成文的惯例，“就是在开课的第一个礼拜让学生任意‘购课’（course shopping）。学生可以迟到早退，乱成一团；教授也势必使出浑身解数，以吸引学生……除了吸引学生之外，教授必须印发大量的‘商品’——课程表和书单——以便学生‘选购’。过了头一两个礼拜以后，课堂的人数才会稳定下来。”

周一恰逢美国劳动节，所以周二、周三是“购课”的高峰，宗教课一结束，来不及向老师请教他对希钦斯的看法，就骑着单车往社会学系赶，去听“记忆的政治”（Memory Politics）。这是人类学专业开的一门小型研修课（seminar），只有十几个座位，最后也来了三四十位“顾客”，女生为主，个个青春逼人，一个女孩的笔记本电脑上贴满了女权主义的漫画。两堂课的大纲都写明了“阅读任务重”几个字，讲“记忆的政治”的老师，不断抛出普里莫·莱维、汉娜·阿伦特、齐格蒙·鲍曼这样的名字，沉重得让人抬不起头来。案例分析重点集中在拉丁美洲，“我知道你们肯定会嚷嚷，为什么不讲前苏联国家？”她一摊手，“我就是在拉丁美洲做的田野嘛。”

第二天倒有一门大课专讲前苏联和东欧，哗啦啦一堆本科生又把教室挤爆了，老师瘦高个，肤色棕红，俄国口音，上来就说会专门花一堂课讲讲普京的俄罗斯，“我是一个现在时的历史学家，虽然我历史系的同事都说，太关注时事是罪过”。但与此同时，“我也会带你们回到1930年代。假如这是 1930 年代的课堂，我想你们中的大多数，或者很大一部分会同情社会主义，一部分会成为社会主义者，还有人会成为斯大林主义者。如果你看那时知识分子的文献，你会惊讶于自由资本主义在和社会主义的竞争中处于怎样的下风。”

这位亲历苏联解体的历史系教授，看起来还是有点紧张，好几次摸鼻子，讲着讲着还会自己笑起来（相比之下，肯尼迪政府学院的老师个个都是演说家，不动声色让底下笑成一团），有几分天真，又觉得有讨好学生的企图，有一次他明显口误，尴尬地笑：“对不住啊，昨晚看美网看得太晚……”转过身去，看见他皱巴巴的衬衫背后湿了一大块。

身边多数同学关注的都是政治，“记忆的政治”、“网络时代的媒体与政治权力”、“讲故事的政治”、“个人数据的政治”……一个同学说，她的课堂里有两个前中情局雇员，其中一个还是发言人，“他发言可真多……”另一个同学在听了“个人数据的政治”后很兴奋地告诉我，你知道吗，从技术上说，只要掌握你的生日和邮政编码，就能锁定你的位置……也有人选了查尔斯河对岸商学院的课，回来感叹就是不一样——在哈佛其他院系，可能你上了一学期课老师也不一定知道你名字，但是在哈佛商学院，你还没去上课，老师就已经把你 google 了个底朝天。这也让我想起之前去商学院参观，问公共关系部主任，这里是否也有迟到七分钟的哈佛时间？他立刻否认了："全部准点开始，有些教授到点还会把教室锁起来！"

也不是所有老师都对"购课"感冒，"讲故事的政治"（The Politics of Storytelling）是本学期新开的课，老教授叫迈克尔·杰克逊（是的），来自神学院，不讲开场段子，不笑，不提问，不发教学大纲，站着笔直开讲，有人中途离开，但关于这门课我听到的最好评价是：有一种古典的美。

有关逻辑

"记忆的政治"的老师布置了作业：回去看一部1961年的黑白影片《纽伦堡的审判》，大多数同学都去图书馆电影资料室，我只花了一分钟就在某视频网站找到了清晰版本，带中文字幕，有一点坐海盗船的快感。

电影长三小时，讲述二战结束两年后德国战犯第三轮受审的故事——特殊处在于受审者是纳粹时期的法官，他们被指控批准给犹太人施行绝育手术，但更根本的追问是：你是做一个爱国者，忠实地执行这个国家的法律，还是拒绝执行你认为不义的法律，当一个叛徒？

威克法官选择拒绝希特勒的法律，被迫辞职，审判时他作为证人出现在法庭上，面对自己的曾经的同事、受审者简宁法官。他遭到简宁代理律师劳尔夫的步步逼问——这正是影片最精彩的地方，这位年轻的德国律师在逼问证人的同时，也把电影不断推向高潮。

“请问威克先生，你是否曾对1934年公民效忠誓言宣誓？”他的眼睛死死盯着威克，“(既然你认为希特勒的法律不义)为什么你不拒绝宣誓？如果每个人都拒绝宣誓，希特勒就不会走到绝对权力这一步！为什么你不拒绝？是不是你担心自己的养老金……”看到这段时，不知怎么就想起了八年前，贺卫方先生以“暂停招收硕士生”抗议他所就职的北大法学院研究生招考制度，记得当时看到一段媒体报道，有人质疑贺卫方“为什么不辞职”，贺卫方反问：你怎么不问我为什么不自杀呢？（大意）

劳尔夫巧舌如簧，善设逻辑陷阱，又懂得适时以暴风骤雨式的“吼问”震慑证人，在另一场质证中，他面对的是被强制施行绝育手术的犹太人鲁道夫，劳尔夫攻击鲁道夫的母亲有精神问题，攻击鲁道夫智力低下，所以应当做绝育手术。在鲁道夫掏出母亲照片，激动地“自证清白”后，法庭一片沉默，这时劳尔夫深吸一口气，冷冷地说了一句：法庭不知道你以前是什么样的，它也永远不可能知道了，你说的都是你的一面之词。

一种深切的悲凉降临在我那开不了窗的卧室里，这可能是整部影片最让我难过的时分。对于简宁这样的大人物，哪怕身陷囹圄，也有贵族太太愿意在法官面前为他求情：“你不知道他在希特勒面前是多么勇敢！”大人物的一言一行都记录在册，罪责与荣耀，虽然也有各种纠结和难言之隐，总归有人书写，可谁会去理会鲁道夫这样的小人物？历史永远不可能知道你是谁，哪怕你是博阿齐齐——我曾读过《时代》周刊 2011 年年度人物《抗议者》的长文，好归好，可是在文章里，这位引发阿拉伯之春的突尼斯自焚小贩也只不过是一个被设定的角色，好像他短暂的一生就是为了走向那片凶猛的火光，然后变成一个导语。

我和以色列同学都选了这门“记忆的政治”，当老师从纽伦堡审判讲到东京审判时（后者只是附带），我想我们都各怀心事。下课后，想跟老师分享一下自己的感受，因为感情过于汹涌而一时语塞，她宽容地笑了，这却让我更加苦涩。在媒体待久了有时会失掉了一些基本的痛感，比如对于慰安妇问题，我好像一直提不起兴趣，也许是觉得太“老生常谈”（我们都默认了新闻就是“势利”的，影片里的记者很直白地对法官说：我可能发不了稿，美国读者对审判战犯已经不感兴趣了），也许是对这一议题常被政治操弄感到不满，但终究没有去想一想这么多年她们需要面对的日与夜。

我自然没有笨到认为她们不会有新的生活，“记忆的政治”后是一门介绍社会运动理论的课，现代意义上的社运和古代各种起义最大的区别之一就是前者有一套复杂的意识形态和话语体系，我一边听老师讲对“意义（meaning）”的建构方式一边瞎想：学社会学的人把各种话语拆解得这样不留情面，会不会很容易“再也不相信爱情了”？而围绕着慰安妇建构起来的种种话语，又是不是总还有些坚固的东西在里面?

《纽伦堡的审判》的最后,主审法官和劳尔夫有一段对话，劳尔夫说：“我跟你打赌，在五年之内，你宣判无期徒刑的人都会（因为冷战形势的变化）被释放。”法官回答：“你所说的那些人都会释放，在我们时代是正确的逻辑。但合逻辑的不一定是对的，世上没有人能使它正确。”

公正先生

这学期桑德尔没有开“公正”课，而是和哈佛大学干细胞研究所创始人之一道格拉斯·梅尔顿（Douglas A. Melton）合讲另一门本科生课程：“伦理、生物科学和人性的未来”。据说哈佛本科生每六人就有一人上过公正课，这门新课选修的人也不少，三百人左右的讲堂座无虚席，后排还要再加椅子（顺便说一句，这学期另一门受欢迎的大课是

《科学与烹饪》)。

课堂不许使用笔记本电脑（哈佛许多课堂都笼罩在沙沙的键盘声里），著名哲学家和著名生物学家各据讲台一端，梅尔顿负责科学，介绍干细胞研究、克隆人、性别选择、基因工程等有争议问题的背景知识和前沿进展，桑德尔负责伦理，通过不断提问、不断请学生举手“表决”来推进课程。除了师生间的大量互动（和“公正”课一样精彩），吸引我的还有梅尔顿这个“变量”，他会随时提出各种科学依据，而你会明显看到，这些依据如何影响人的伦理选择。

这天讨论兴奋剂问题，从类固醇（尿检即可查出）讲到EPO禁药（需要血检才可能查出），梅尔顿解释EPO原理时不忘调侃一下美剧*CSI*（《犯罪现场》）里的科学家：“作为一个总在实验室里待着的人，真是羡慕他们啊，穿得那么好，试管里的液体还总是五颜六色那么漂亮……”

EPO是“促红细胞生成素”的简称，能提高血液携氧能力，让肌肉工作时间更长。梅尔顿用一张幻灯片打出8种增加红细胞的方法：1、锻炼和休息，2、高海拔锻炼和休息，3、低海拔锻炼，低氧舱休息，4、服用能让人体生成更多EPO的食物，5、服用能让人体生成更多EPO的转基因食物，6、注射EPO，7、注射EPO基因，8、注射能够自动生成EPO的人造化学物质。一个比一个高级，桑德尔的问题来了：假设你是国际奥委会委员，当运动员采用其中哪些方法提供成绩时，你会举手否决？

1和2自然没人举手，3也没人举手，桑德尔和梅尔顿对视一眼：这是真实的奥委会正在争论的问题。到4时，有两个学生举手，到5时，有大约二十人举手，这时“变量”梅尔顿开始干预：“我要提醒一下，你们去某多纳圈连锁店吃的就是转基因食品。”几只举起的手放下了。到6时有更多的人举手，梅尔顿继续提醒：注射的EPO可以是自然产生的，又说，“你们是不是对‘注射’敏感？那好，让我们换一个词，‘服用’EPO，如何？”看到又有几个人把手放下了，桑德尔在讲台那边“着急”：“不要告诉他们这个！”大家都笑了。

一直到8还有几十个人没有举手，两位教授都有点惊讶，一个没举手的学生约书亚说：我对这些方法都没意见，伦理是发展的，要知道一百年前人们还在争论是否应该让整天训练的职业选手参加体育比赛呢，可是现在，没人会说比赛只能由业余选手参加吧？举手者则多从安全性和不公正（不是每个运动员都有条件注射EPO）表示反对，“那么，让我们假设，”桑德尔说，“如果这些方法都绝对安全，又便宜可得，你们是否接受？”

一个女生表示仍然不能接受，“这转移了体育比赛的重点，把人身体之间的竞争变成了制药的竞争。”约书亚反驳她："我觉得我们都忘记了一件事：EPO只是一个促进手段（enhancement）而已，到头来运动员还得艰苦训练才可能在竞争中获胜。"

"约书亚提到enhancement，让我想起一件事，"桑德尔说，"大概二十年前的波士顿马拉松赛，有个选手跑了一小会儿就睡觉去了，睡醒后直接搭地铁绿线（波士顿地铁线路按颜色区分）第一个到达终点，后来他被取消了成绩。为什么？为什么不能搭绿线？不把绿线和一双好跑鞋、EPP一样，仅仅当作一个enhancement呢？""马拉松选手不允许搭乘地铁吧？""据我所知，波士顿马拉松没有不允许选手搭乘绿线的规定，而且绿线也安全，还便宜……"全场大笑，约书亚被自己的"手段论"难倒了，张口结舌。

桑德尔开始推进他康德式的论述："伦理之线在哪里划下，和手段（means）有关，而在这些例子里，手段并没有本质区别，但即便如此，我们还是不能接受马拉松选手搭地铁，为什么呢？这也许和我们所希望的比赛'目的'（purpose）有关，和体育比赛的正直（integrity）与本质（essence）有关，如果你搭乘绿线，那就不再是马拉松了，人们也不会激赏获胜者的品质。"

下课时学生散得很快，我看见桑德尔快步追上约书亚，面露歉意地说了两句什么。

公正夫人

周一傍晚见到 Kiku 时，她满面红光地跟我拥抱："下午的课怎么样？我的学生是不是很棒？"说的是周一下午的"文化与社会"，因为和她先生桑德尔的课时间冲突，所以我只好轮周旁听,这周轮到听 Kiku。和桑德尔的煌煌大课相反，Kiku 的课只有九个学生，是典型的 seminar，那天除了我，还有一位 Kiku 请来教学生使用学术检索工具的老师，如果说桑德尔是通过提问来推进课程，那么这堂课 Kiku 连问题都提得很少，而是一直微笑着看着九个学生从人们如何利用 Facebook 来表现（frame）自己谈起，彼此问答完成思考。有那么一会儿众人互动得有点词穷，一个学生突然转向她：你一直没说话，你怎么看？ Kiku 稍微点拨两句，又重新把球传回学生手里。

这学期 Kiku 在哈佛张罗了一个圆桌会议，每月邀请学者、艺术家、传媒人参加，探讨艺术、流行文化和公共生活中的重要话题，第一期的主题是"艺术与审查"。圆桌会议前，我们一块喝茶，她向我问起中国知识分子与媒体人的处境，又说到上次和桑德尔去中国，某地的一次活动被突然叫停后，组织者如何处变不惊、大事化小："我发现这很有意思，美国人对待审查的态度是非常严肃的，碰到这种事情多半得起诉，而中国人则灵活得多，这让我想起小时候在泳池里玩的捉迷藏：有孩子必须躲进水里，但总有别的孩子在别处浮出水面。”

那次圆桌会议也是“自由流动”的讨论，从柏拉图对审查制度的主张谈到早期爵士乐对主流的反抗，Kiku 播完一段黑人爵士乐的影片后，王德威教授说，其实招致审查的不只是冒犯，有时甜美也会，比如邓丽君的歌曲之于 1980 年代的中国大陆。正好我随身带了 iPad，就给他们播了一首邓丽君的《小城故事》，王教授同声传译——想来，也许《甜蜜蜜》更像是“靡靡之音”？

后来，Kiku 请我在她的课上简单介绍一下邓丽君，我就放了《甜蜜蜜》，一个去过台湾的学生“惊呼”：“Teresa Teng! The moon represents my heart!”就又转到《月亮代表我的心》。下课那个学生问我，邓被禁是不是也和台独有关？我说这都是哪跟哪啊，于是又急吼吼地解释一通，也不知道他听懂没。

Kiku 是摄影师，也是社会学研究者，她的上一本书叫 *Picture Perfect*，中文版可能会在近期推出。*Picture Perfect* 勉强可以译作“（照相般）完美”，Kiku 在书里探讨的核心话题是，当 19 世纪照相技术发明时，人们惊叹于它对真实的还原，但如今人人都知道照片是会说谎的，而铺天盖地的图像文化，已经模糊了生活与姿态、真实与虚幻、新闻与娱乐……的界限。我半开玩笑跟她说，这本书简直就是为微信时代写的嘛，然后跟她介绍微信的功能，讲微信鼓励图像而非文本，有人用了半年微信也不知道怎么用它写字云云。

事实上，作为一个来美国后才开始经常使用微信朋友圈的人，我发现自己也越发模糊了生活与姿态：很难说自己发的每一张照片（不论是异域美食，还是出奇的蓝天），究竟是出于记录当下的冲动，还是为了迎合想象中的他者目光。就像 Kiku 在书里写的："我们有了对世界塑造自己形象的能力，但也开始落入一些陷阱，而这些陷阱，往日只有政客、名流和媒体关注的人士才须面对。我们正对他人塑造的是哪个自我？又在为谁的眼睛而造？他人会如何看待真实的我与我的姿态？而我又如何看待他们？"

"发表"者容易有一种糟糕的错觉：未经描述的世界是不存在的。某种"在场感"下，你总是习惯性地想要把你看到、感受到的东西变成头脑里的文字或画面——感受力大概就是这样失去的。如何处理和读者的关系从来都是难题，但也从没有哪个时代达到今天的"互联"程度，并以无所不在的"逼视"（用 Kiku 学生的话说，你的 Facebook 也是你的文化资本），去影响每一个想要发表点什么的人。对此我不知应该感到不幸还是庆幸，但 *Picture Perfect* 的思维已经把我推向下一个问题：他们会在这本书的中文版腰封上写什么推荐词呢……

无聊休克

熬着没睡，坐等凌晨两点全美进入冬令时，结果写电邮忘了时间，打开 CNN 时已过两点，时间又回到了一点，联网的两个手机无缝切换，只有老旧的时钟需要回拨。平白无故赚了一小时，却感觉时间被偷走了，这么想时又觉得傻兮兮的，就是一个刻度而已。入秋以来树都成了刻度，每天都能看到颜色变化，骑车上下课经过几条固定线路，有时会突然发现某棵树不见了，其实是叶子掉光了，有时又发现自己看错了，它还站在远处，通体红透，就稍微心安一点。

还是 calendar 可靠，这里人人都用 calendar，这样即便把饭局约到了一个月以后也不会忘。总在各种场合听到轻微的滴声，那是 calendar 在提醒你半小时后的活动，生活就这样被切割开来。早晨起来照 calendar 给的方向去听第一堂课 / 讲座，坐下时，一位勤奋的俄亥俄大学教授已经通过邮件组发来了当日值得关注的中国报道，开小差读一篇余华的专访，其他研究中心的讲座通知也陆续进来，中东主题的最多，说的都是三个字：抱恙中。还有同学朋友通过

Facebook 和微信推荐的活动，加上哈佛的 App，看到感兴趣的点击两下，calendar 就愈加饱满自信，好像已经听过讲座似的。某天我在电脑前看书，卧室突然被染成明黄色，原来是窗外那颗梧桐一夜变色，阳光照射下黄得触目惊心，我呆看了半天，这事儿 calendar 上没有。

到周末，活动通知一下子消失了，邮箱也变得清静，就特别容易忘事，比如，去买周日版《纽约时报》。安慰自己说反正厚得也看不完，又说，在这个“连起来”的时代，也不会真正错过什么，《纽约时报》的南中国海专题、对 Greenwald（最早报道斯诺登）的专访最后都变成了 CNN、饭桌以及社交媒体上的话题。人人都在说“连起来”，还有人号召大家“重新连起来”（rewire），麻省理工媒体实验室 Ethan Zuckerman 的新书就叫这个名字，开头却从 1977 年的德黑兰讲起，讲流亡在外的宗教领袖霍梅尼的演讲如何通过磁带渗透进伊朗，促成 1979 年伊斯兰革命——只要互联网专家们愿意，他们一定可以从上下五千年里找到“连接改变世界”的证据。

纽约客倒是登了篇《断开》的长文，作者 Evgeny Morozov，著名的互联网怀疑者。和 Zuckerman 一样，他也先拽了一段历史，把我们带回到 1924 年的魏玛共和国。这年的 11 月，德国社会学家 Siegfried Kracauer 在《法兰克福汇报》发表了一篇抱怨现代城市生活的评论：街边的廉价烟酒广告牌劫持了人们的神经，电影和剧院上演着不属于任何人但让每个人都精疲力竭的生活，而收音机则把我们置于一个永远在接收，永远胸怀伦敦、埃菲尔铁塔和柏林的状态。这些城市资产阶级啊，Kracauer 感叹："在热闹喧哗中越陷越深，最后忘掉了自己还有一颗大脑。"

该怎么办呢？Kracauer 的药方很简单："无聊休克疗法"。在一个大家都出城兜风的阳光明媚的下午，把自己锁在屋里，拉下窗帘，躺在沙发上向无聊投降。唯有如此，我们才能调动出自己那些荒唐、尴尬、未经修饰的想法，进而达至一种"神秘的喜悦"，最后学会与自己相处，"你不再被应该做某事的欲求所束缚，什么都不做也能泰然处之"。听起来像近年国内鹊起的禅修班，把手机电脑上缴，在郊区某个院落或者远方某个寺庙打坐冥思数天。几天前，一个新认识的朋友还在向我们推荐："麻省就有，离波士顿两小时车程，已经排到了明年，我在那里待了 12 天，大哭了三次。"

不过，Morozov 告诉我们，许多西方人还是决定用他们熟悉的方法来对抗信息过载：掀起一场"信息环保运动"。在阿姆斯特丹就出现了一种能自动屏蔽 WiFi 的座椅，而一群挪威大学生则设计出一种叫 igoo 的小玩意，可以屏蔽家里所有的电磁信号，这真是可爱的西式思维——改变自己前，先试着改变周围的环境，创造出几个身边的瓦尔登湖来。

瓦尔登湖其实很近，搭通勤火车40分钟到康科德镇，再走半小时就能抵达。我去的那天阴云低回，我盯着岸边倒伏的白松，想着1845年3月末梭罗砍树建小屋的那天，“那是愉快的春日，人们感到难过的冬天正跟冻土一样地消融，而蛰居的生命开始舒伸了。”梭罗小屋仅剩遗迹，一群紫衣姑娘在林间练习健美操，暴雨忽然落了下来，坡地水沟纵横，姑娘们四散而去。

如影随形

在汉堡听到那句“世界上所有的一切曾飞向我们”时，我觉得这是一个城市骄傲的灵魂，尽管实际上，哪怕只是为了更好地理解德国，我都得不断离开那里，去往柏林。到了哈佛，这句话立刻洗掉了所有形而上，变得特别世俗。释永信带领少林武术来表演那天，我没去凑热闹，白天的课程已经耗尽我的体力；而当李安带着疲惫的神情出现在每一个讲台时，我有点惊讶地发现，来了那么多尼曼同学，他们甚至连“饮食男女”都看过。我拿着提前一个月才申请到的见面会门票，后悔没去看少林功夫——绝佳的软实力比较教材啊。

晚上哈佛电影资料馆上映《色，戒》，李安再次现身，主放映厅爆满，照例又开了副厅，旁边的同学只能看英文字幕，我几次忍不住要提醒，这里她们说的是上海话，那里她说的是广东话，好像也不重要。影片末尾，王佳芝放走了易先生，一个人走下楼来，招手叫了人力车，那风车转啊转地开始闪回：空荡荡的剧场里有人叫她的名字，转过头来全是青春年少。第四次看了，还是抑制不住地鼻酸。李安说他自己像王佳芝，演戏演到后来发现自己其实更像戏中人。

和两个忧心忡忡的朋友吃饭，赶上一场华人抗议的大戏。我对那个拙劣的玩笑不以为然，但也觉得抗议本是正当权利，他们则试图告诉我这幕戏的导演（依他们，这简直是不证自明的），事情一下子变得险恶起来，好像黑色大海里裂出一条不知什么时候会合上的通道。也许他们是对的吧，但是，正义之前，是不是最好什么戏都不要上演了？

我换了个话题，想聊聊美国，聊聊1980年代后美国的右转，以及保守派对“爱国”一词的占有——但忧心忡忡再次降临：美国和中国不同，“爱国”也不可同日而语——没错，可是我只是想谈谈美国而已。也许在讨论任何问题之前，我该先背一段葛底斯堡演讲（就像背诵四项基本原则一样）？真是无聊啊，但自己又能置身事外吗？如影随形得早就没有正常心态了。

一晚上听了三个故事，三个人的祖父母一代都是东欧犹太人，二战时避难新大陆并扎根于此。其中两人算是富二代，似乎对历史不太感冒，另一人出身平民，听祖母讲述纳粹统治下的恐怖故事长大（祖母的兄弟姐妹几乎没人从集中营里幸存），大学时又知道了自己的父亲是同性恋，出柜后不久父亲因病去世，“他这一生从未过得自在”。她说，她从小就知道，在这世上，人们是多么容易互相歧视和彼此伤害。后来她成了一位人权律师，在中东工作时为巴勒斯坦人打官司，周围的犹太人朋友都觉得她疯了。她说她愿意把犹太人的身份认同传给自己的孩子，但不愿意再传递那种不信任别人的恐惧。

背景、价值、任务……如此种种，叠加起来，就把人压扁拉长变成一个平面甚至一条直线，想想真是奇怪，这些东西难道不应该让人变得更丰富吗？于是反抗者开始与所有的终极指向决裂，在生活中，也在戏码里。一个在苏联长大的哈佛教授写过一本《怀旧的未来》，她说，在美国，人们总是对她的苏联背景充满好奇，有人会问她：你怀旧吗？她有时回答，怀旧，但不是你想象的那样；有时回答，不怀旧，但不是你想象的那样。

在某个活动现场，一个中年人问我，你知道 Fairbank 吗？“当然知道，我经常去 Fairbank 中心的图书馆。”“我说的是 John Fairbank（费正清）这个人。”“啊，您是？”“他的外甥。”

隔了两周去拜访中年人的母亲，费正清夫人费慰梅的妹妹，101 岁的玛丽安。1934 年，从拉德克利夫学院毕业后，玛丽安到中国学习了一年绘画。我给她看之前在网上找的她与梁思成林徽因的合影，她一眼就看了旁边身材高大的金岳霖："Lao Jin!" 又跟她闲聊当年的北平、上海、福州，说来也巧，拜访玛丽安之前的三天，国内一个旧书论坛有人贴出了她 1939 年出版的画册《三宝北京历险记》，给老人家看链接，她露出不可思议的表情，然后跟我半开玩笑：真的有中国人看我的书吗？我的书能在中国出版吗？我知道你们现在很有钱！我听了也跟着笑,但是 "Peking" 却烟消云散了。

原始嚎叫

晚上收到错误情报，走到哈佛广场时发现哈佛先生铜像前一片漆黑，连个鬼影都没有，偶有人经过，都把头缩在高高的领子里，这一天寒流来袭，气温降到零下三度。

到附近 24 小时开放的本科生图书馆 Lamont 避寒看书，一派期末备考的气氛，有人桌上的书可以砌墙了，还有两个哈佛学生心理健康协会（SMHL）的女生挨个派发巧克力和小纸条，上面印着励志作家 H. Jackson Brown 的话："Think big thoughts, but relish small pleasures.（雄心勃勃，不忘享受微小欢愉。)”底下两行加感叹号的大字：别放弃！你很棒！ 11点多，眼前突然走过一个只穿红内裤的男生，特别自然地穿过人群，戴上耳机坐下自习。临近午夜，图书馆门口有点躁动，我对面的哥们站起来就开始宽衣解带，也是脱到只剩底裤，穿上靴子，披着貂就出去了。

跟着人群往外走，没两步已经听到广场那边低沉的嘶吼，到铜像前，发现鼓乐队已经就位，那边一栋教学楼下，几百裸男裸女挤在一起，就像刚从冰窟窿里捞出来活蹦乱跳散发着热气的鱼，一起在唱“我们是冠军”呢。唱了一会儿就改喊USA，午夜钟声一响，就尖叫着欢快地潮水般向前涌动，把旁边举着手机的一堆亚洲面孔冲得七零八落，这就是哈佛著名的Primal Scream（原始嚎叫）了。

1960年代时，这仪式的确以嚎叫为主，每学期期末考试之前的一周，学生会打开所有宿舍的窗户，集体咆哮十分钟，1990年代左右嚎叫演变成了裸奔，但目的是一致的：减压。一个学生曾在报上描述自己的体验：“我看到象征着这个国家学术尊严和光荣时代的广场被一千个光屁股填满。经过那些寒冷、尴尬、悲惨但很爽的瞬间，对期末考试的焦虑被抛到了几光年之外……”不知道那个几天后搞出“诈”弹风波想取消期末考试的韩裔学生有没有去原始嚎叫，收没收到小纸条，无论如何，他也算是think big了。

嚎叫前一周，课程陆续结束，每堂课的末尾都照例是学生鼓掌感谢老师，我想普鸣（Michael Puett）教授的最后一课一定比较壮观：七百多个学生齐刷刷鼓掌。他教授的“中国古典伦理与政治理论”是哈佛这学期第三受欢迎的大课，仅次于经济学入门和计算机科学入门。《大西洋月刊》为此写了一篇长文，探讨为何这么多哈佛学生想要学习两千多年前的中国古代智慧。“美国人倾向于认为人是理性动物，大脑依逻辑地做出各种决定，但在中文里，表示‘mind’和‘heart’的是同一个词语：心灵……庄子教导人们，应在日常生活中道法‘自然’，而不是受困于各种理性抉择。”读到这段时我停了一下，想想似乎很久以前自己就已经把 mind（头脑）和 heart（心灵）区分开来，而今却借助一个西方人，“重新进入中国”；又想起刚来美国时那段时间，不断被问到“是不是和中国很不一样”，我每次都老老实实回答：其实没有那么不同。说到底，我们都是被全球化与现代性冲刷的一拨人，彼此能有多大差别呢？

《大西洋月刊》的文章借学生之口说，这门课可以改变你的一生，“有一点乐观了吧。”去年选过此课的一个本科生微笑着告诉我。她解释说，其实这门课的火爆，有一些与学问无关的原因，比如说这门课不容易挂科，而 Ethical Reasoning（伦理分析，哈佛鼓励博雅教育，本科生必须在几个不同大类里修够一定学分，桑德尔之前的“公正”课也属此类）这个大类里可选的课也有限，当然还有，不论是公正课还是中国古代哲学，在哈佛已经成了一种 Cult（在特定群体里流行的），一种“正面的 peer pressure（同辈压力）”，好像你来到哈佛，就应该听一听这样的课，正如你来哈佛，就该尝试一下冰天雪地原始嚎叫一样。

Cult 也有邪教之意，我也很邪地想到另一件据说在哈佛读书“该做”的事儿：至少在 Widener 图书馆里嘿咻一次。我曾许多次下到像一个星球那样巨大荒凉的 Widener 藏书室里，里面陈旧的纸张气味不敢恭维，但曲径通幽的书架的确提供了很好的掩护，那天我想翻翻东欧知识分子写的书，发现那个区域全是伸缩书架，这意味着当你按动按钮想看看罗马尼亚人作品时，摆放波兰人著作的书架会缓缓合上——希望大家办事都不要来这里，被一堆 The Captive Mind（被禁锢的心灵？头脑？中文两个译名都有）夹住，大概是最悲惨的死法了吧。

明日的世界

回到波士顿当晚赶上暴风雪，才发现暴风雪里的雪花一点儿也不像雪花，倒更像密密麻麻的雨线，风一吹就东倒西歪织在一起，不是雪大如席，是雪密如席了。

锁闭门窗，想看看气象主播口中的“真正的暴风雪”到底会发展成什么样，上一次雪后，我跟邻居在一楼电梯口闲聊，说到还挺期待那种推不开房门的大雪，被经过的一个老太太听到了，“你们不开车当然不用操心，”她说，“我们可是得把车子从雪里挖出来……”

夜深了，雪势不减，隔一会儿就拉开窗帘看看外面那盏路灯，好像里面隐藏着什么秘密。路灯昏黄，几乎比被新雪映照的周围夜色亮不了多少。

大概在七八年前，我也经常走在这样的路灯下。那时的世界是缓慢富有条理的，我每天坐着大一点的班车上班，再坐着小一点的班车下班，工作并不复杂，常常带一本自己的书去读，该吃饭时就去吃饭，该开会时就去开会，该爬山时就去爬山，逢年过节会发电影票，所以，该看电影时就去看电影。

其实世界就在我的周围拼命流动，只是我不太能感受得到，小区离五环路很近，车流在上面低吼时，我正对着一个停车坪的墙壁抽击网球。某天晚上我走到五环外，打探那里一个医院的情况，第二天我见到了同乡肖志军，他垂头丧气蹲在地上，被所有的人一遍遍地问：你为什么不签字？

他的“岳母”李小娥好像还在恍惚中，对一群记者念着女儿李丽云："我都不知道她出走这三年，在外面是怎么过来的。她今年老是向我们要钱，我隔一段时间就给她寄钱，她十天一个星期给我打一次电话，我问她住在哪里，她不肯说，每次都说，妈妈，你放心，我挣了钱就回来。上次她给我打电话，说妈妈我春节就回去。……我根本不认识这个男的（肖志军），她从来没告诉我她结婚了。我在火车上都不相信我女儿死了，我以为她是被传销给骗了，到了北京，我跟着乘警去派出所了解这个男的情况，突然看见桌子上的《京华时报》，才知道我的女儿真的死了！……"

借助当时的稿子我才回忆起这些细节，做完稿子没过两个月，我就搬走了，再没从五环下那个桥洞经过，此后生活开始流动、变化，像是漂浮在水面上的油膜，各种颜色晕在一起，甚至被用在文章结尾的肖志军的回答我也忘记了："我想不通，我懵个哒（懵掉了）！"

是夜重温《海上钢琴师》，1900 踏上舷梯，但最终没有踏上纽约的陆地，那一瞬间他大概也"懵掉了"："拜托，能告诉我城市的尽头在哪里吗？……城市里纵横交错的街道，什么都有，就是没有尽头。没有尽头……老天啊，你看到那街道了吗？光街道就有成百上千条！你怎么在那里生活？"

我曾于某个黄昏从东河登岸，不断上坡，过街，急匆匆地赶往时报广场，蓝黑色天幕下的曼哈顿中城就像一个巨大的布景板，好像不是你在前进，而是它们在后退，生生的虚幻感。如今我更能体会那种心情：让人停下来的并不是看得见的街道，而是看不见的街道。没有什么“该”做的事情了，神灵，家族，单位，这些班车正在远去或者解体，而我们大多数人，并没有一个司机可以咨询。

“啊，人类啊(Oh, the humanity)！”美国芝加哥WLS电台的记者带着哭腔喊道。那是1937年5月6日，那个时代最大的航空器兴登堡号飞艇在空中被烈焰吞噬，29名乘客当场丧生。我是在华盛顿新闻博物馆听到这段音频的，如果你想一想当时的世界已处在二战前夜，那一声“人类啊”简直有如天启。百年来传播技术不断更迭，newsreel（新闻短片）已经被送进了博物馆，但它承载的故事与情感却从未停止与我们的共振。我戴着耳机坐在地上，挨个点击这些短片，身体极其疲倦但就是停不下来，胸口好像被什么堵住了。

明日的世界究竟会怎样？我想自己可能也得焦虑地寻找司机，或者和许多人一起苦苦守候一辆永远也不会到来的班车吧。但想一想，置身其中，怀着一点自我疗救的私心，把这时代的症候记录下来，大概也挺有意思。如今记录者似乎比时代陷入了更大的危机，真是可惜。

撰稿人

覃里雯：单向街图书馆创办人之一，先后任《经济观察报》高级记者、搜狐新闻频道总监、《周末画报》新闻中心总监等职，著有《冷酷的新闻纸》、《思想的历程》等。现居柏林，任职于某国际智库组织。

玛格丽特·阿特伍德(Margaret Atwood):1939年出生,加拿大著名小说家、诗人、文学评论家。曾三次获得布克奖提名,并以《盲刺客》摘冠。已发表的小说、诗歌、文学评论三十余部，已在35个国家出版。

金安平（Annping Chin）：1950年出生，美籍华人，历史学家，历史学家史景迁（Jonathan D. Spence）之妻。曾就读于密歇根州立大学数学系，获理学学士学位；1984年获得哥伦比亚大学博士学位，研究中国思想及思想史。现任教于卫斯连大学、耶鲁大学历史学系。著有《合肥四姐妹》、《孔子》等。

塔可：1984年出生于青岛，2003年就读于中央美术学院，2005年移居美国纽约，次年就读于罗彻斯特理工大学(RIT)摄影系。2008年转读纽约艺术学生联盟，进入Ronnie Landfield工作室。2010年获得美国Hey Hot Shot摄影大奖。作品被多个公共机构以及个人收藏。现工作生活于纽约。

王敦：70后，美国加州大学伯克利分校东亚语言与文化系硕士、博士。2008年回国后任教于中山大学中文系，副教授。2013年底受聘为中国人民大学文学院副教授。关注文化研究，特别是听觉文化研究，以及中国近现代文学和文化的转型。

林珊珊：《南方人物周刊》记者，代表作有报道《少年杀母事件》、《线人》等。

季艺：华中师范大学传播学硕士，曾任职于《智族 GQ》、《第一财经周刊》等，现为《人物》杂志主笔。

阿乙：原名艾国柱。1976 年出生于江西瑞昌，毕业于警校。做过警察、体育编辑、文学编辑。曾任《天南》文学杂志执行主编等。出版有《鸟看见我了》、《春天在哪里》等。

谢丁：《界面》特稿主编，专注于非虚构报道。最新出版有《困死局外》。

爱德华·曼德森（Edward Mendelson）：美国哥伦比亚大学英语比较文学教授，是 W. H. 奥登的文学遗产执行人，负责编辑奥登的作品全集，同时也是托玛斯·哈代等作家的研究专家和出版编辑。现居纽约。

张宇凌：巴黎索邦大学艺术史博士，新锐艺评人、策展人。

陈力川：1977 年考入北京大学西方语言文学系，1986 年出国后改学政治哲学，主要研究方向是孟德斯鸠和卢梭的政治思想。现任法国更新治理研究员理事兼研究员，法国人类进步基金会中国治理项目协调人。受法国国立行政学院（ENA）聘请参与中国—欧盟的行政交流计划。

杨潇：1982 年出生于湖南，毕业于南开大学中文系，曾任职于新华社等，现为《南方人物周刊》记者。代表作品有报道《网戒中心的 86 条规定》、《中国文物走私链条》等。现参加哈佛大学“尼曼学者”交流计划。

图书在版编目 (CIP) 数据

单读 / 许知远主编 . — 桂林：广西师范大学出版社，2014.7
ISBN 978-7-5495-5651-9
Ⅰ . ①单… Ⅱ . ①许… Ⅲ . ①社会科学 – 文集 Ⅳ . ① C53

中国版本图书馆 CIP 数据核字 (2014) 第 140295 号

广西师范大学出版社出版发行
桂林市中华路 22 号　邮政编码：541001
网址：www.bbtpress.com

出 品 人　刘瑞琳
责任编辑　李鹏程　马希哲
美术总监　黄灵子
设计制作　张　莹　孙晓曦　马志方
责任校对　百川东汇文化传播
全国新华书店经销
发行热线：010-64284815
北京汇林印务有限公司　印刷

开本：787mm × 1092mm　1/32
印张：8.125　字数：108 千字　图片：8 幅
2014 年 7 月第 1 版　2014 年 7 月第 1 次印刷
定价：36.00 元